/ 幼儿园园长专业能力提升丛书 /

成就教师

——园长教师队伍建设能力的提升

苏　婧　丛书主编
柳　茹　本书主编

北京师范大学出版集团
BEIJING NORMAL UNIVERSITY PUBLISHING GROUP
北京师范大学出版社

图书在版编目(CIP)数据

成就教师：园长教师队伍建设能力的提升/柳茹主编. —北京：北京师范大学出版社，2017.4(2023.10 重印)
(幼儿园园长专业能力提升丛书/苏婧主编)
ISBN 978-7-303-22275-9

Ⅰ.①成… Ⅱ.①柳… Ⅲ.①幼儿园—幼教人员—师资培养—研究 Ⅳ.①G615

中国版本图书馆 CIP 数据核字(2017)第 068193 号

图书意见反馈 gaozhifk@bnupg.com 010-58805079
营销中心电话 010-58802181 58805532
编 辑 部 电 话 010-58808898

出版发行：北京师范大学出版社 www.bnupg.com
北京市西城区新街口外大街 12-3 号
邮政编码：100088
印　　刷：天津旭非印刷有限公司
经　　销：全国新华书店
开　　本：787 mm×1092 mm 1/16
印　　张：11.75
字　　数：206 千字
版　　次：2017 年 4 月第 1 版
印　　次：2023 年 10 月第 6 次印刷
定　　价：32.00 元

策划编辑：罗佩珍　　责任编辑：齐　琳　邸玉玲
美术编辑：陈　涛　焦　丽　　装帧设计：锋尚设计
责任校对：陈　民　　责任印制：马　洁
封面插图：卓容之(北京市北海幼儿园)
指导教师：张　莉

版权所有　侵权必究

反盗版、侵权举报电话：010-58800697
北京读者服务部电话：010-58808104
外埠邮购电话：010-58808083
本书如有印装质量问题，请与印制管理部联系调换。
印制管理部电话：010-58808284

丛书编委会

主　编：苏　婧

副主编：吕国瑶　张伟利　田彭彭

编　委：（按姓氏拼音排序）

曹慧弟　陈　立　成　勇　范建华
李　奕　刘峰峰　刘淑新　刘晓颖
柳　茹　申桂红　王　岚　王艳云
杨　颖　于渊莘　张爱军　朱继文
朱小娟　邹　平

本书编委会

主　编：柳　茹

副主编：张爱军　杨　颖

编　委：（按姓氏拼音排序）

褚　潇　李海霞　李　红　李惠芹

吕小烨　王　岚　王　鑫　尹陆明

周春艳

推荐序

这几年在和园长交流和接触的过程中，他们经常谈到的一个话题就是，现在当一个园长太不容易了，甚至怀疑自己是不是能力不行，胜任不了园长这个岗位。当然，这并不代表现在我们园长的能力下降了，有这种感觉恰恰说明他们已经在思考：新的社会和时代背景下，怎样才能当好一个园长？随着国家教育改革的不断深化，学前教育也越来越受到重视，迎来越来越多的发展良机，当然也面临着越来越多的挑战。一方面，在市场经济条件下，如何使自己的幼儿园办出特色、树立品牌，从而能够在竞争激烈、百花争放的大环境中站稳脚跟，长远发展，是所有园长必须考虑的现实课题；另一方面，在校长专业化的大背景下，园长专业化的呼声已初见端倪，公众对幼儿园园长的要求越来越高，怎样通过提升自身素养，进而提升幼儿园管理品质，推动幼儿园质量的全面提升，并最终促进幼儿的全面和谐发展，也是园长们不可回避的现实问题。所以，作为幼儿园的管理者、第一责任人，园长在幼儿园的改革和发展中，发挥着举足轻重的作用，不能觉得自己"业务"强就可以应对幼儿园发展过程中的所有问题，新的形势要求园长必须全面提升综合素养。

北京作为经济、文化、科技创新迅速发展的现代化都市，其幼教事业也发生着日新月异的变化。作为首都幼教改革的"火车头"，幼儿园园长们的专业水平决定着这列火车跑得有多快、跑的方向对不对。能不能在新的发展机遇中准确把握国家政策文件精神，做好幼儿园的整体规划？能不能在更为重视公共关系的社会背景下，协调各种关系，服务于幼儿园的对外宣传和品牌建设工作？能不能在家长整体素质提升、需求多样化的要求下，探索新的家长工作思路和方法？能不能结合幼儿园实际工作中遇到的困境，拓展资源渠道，运用科学思维研究出带有规律性的成果，提升幼儿园的整体科研水平？能不能在新教师成为保教工作主力的现实中寻求突破口，探索教师队伍建设的新模式，确保幼儿园保教质量的稳步甚至快速提升？能不能在国家日益重视幼儿身心健康发展的整体趋势下，切实做好幼儿卫生保健和安全管理工作……新的问题不断涌现，我们必须认真想一想：这些我们曾经思考过也取得了大量成果的工作，是否真正摸索到了规律？可以从中借鉴什么？如何在《幼儿园园长专业标准》的要求下真正发挥引领作用？这都是我们要继续深入研究的。

在这个机遇与挑战并存的时代，作为主管全园工作的领导者，园长肩负的责任、使命可谓任重道远。一个人成长为园长是不容易的，从初任园长到一名优秀园长短则需要三五年时间，长则需要六七年甚至更长时间。传统的师傅带徒弟式的传帮带方法仍不失为一种不错的方法，但在今天这样一个讲求成本和效率的时代，我们完全可以通过更加科学有效的方法，更快更好地促进园长的专业化成长，提升其领导力。因此，对幼儿园园长的领导行为、专业素养、专业能力进行研究，既是一个在幼教改革中必须面对的现实课题，具有重要的现实指导意义，也是一个事关幼教可持续发展的长远问题，具有深远的历史意义。

现代社会具有复杂性、多变性、随机性和竞争性，发展节奏快，新知识、新科学、新技术不断涌现。幼儿园并不与世隔绝，同样处于多变的社会之中，幼儿园的发展也要适应全面改革和社会发展的需要。所以，现代的幼儿园园长除了要拥有热爱幼教事业的情怀外，还需要有终身学习的意识，要在实际工作中通过不断学习、思考、再学习、再思考，掌握解决、处理各项园所事务的能力。

北京教育科学研究院早期教育研究所苏婧所长和她所带领的北京市学前教育兼职教研员队伍“园长管理组”成员，从 2013 年起致力于幼儿园园长专业素养、专业能力的研究。团队成员都是来自北京市各区县的教研员和名园长，在园长管理工作模式和专业发展等方面都很有心得，具有丰富的实践经验。这个团队在深入研究的基础上奉献给大家的这套《幼儿园园长专业能力提升丛书》，以扎实的理论知识结构为基础，以多年认真积累的实践研究为依据，总结提炼出 12 项园长胜任本职工作应具备的专业能力。书中对每一项专业能力的概念、基本原则、方法和途径等都进行了详细的论述，同时又通过大量的图示和鲜活的实例，让所述的内容变得生动活泼，便于理解和操作。对于幼儿园管理者来说，这 12 项专业能力既是要求，也是目标。他山之石，可以攻玉。虽然别人的经验并不能完全解决我们现实中遇到的问题，但是，借鉴别的园所好的经验，一定会有助于我们幼儿园园长的成长，帮助我们明确一个合格园长需要具备的基本能力和素质要求。同时，也会对我们科学系统地规划自己的园长职业生涯提供必要的指导，帮助我们成为全面而又专业的幼儿园管理者。此外，这套丛书也有助于我们澄清工作中一些认识不清的问题，提升我们的专业理论水平。

这套丛书是幼教工作者在幼儿园园长专业发展方面持续探索过程中的阶段性成果，它不仅给我们提供了借鉴，也为我们指引了方向。我相信，今后一定会有大量关于幼儿园园长专业发展的研究成果出现，这将对我们首都学前教育，甚至全国学前教育的发展产生积极的影响和促进作用。

北京市教育委员会学前教育处处长　张小红

2017 年 2 月

代丛书序

园长专业素养的研究框架、实施途径和策略

学前教育是终身教育的开端，是基础教育的基础，是国民教育体系的重要组成部分。办好学前教育，关系到亿万儿童的健康成长和千家万户的切身利益，关系到国家和民族的未来。

教育部颁发的第二个学前教育三年行动计划提出的重点任务是扩大总量、调整结构、健全机制、提升质量，而“提高幼儿园教职工的专业素质和实践能力，进一步规范办园行为，深入贯彻落实《3－6岁儿童学习与发展指南》，促进幼儿身心健康和谐成长”是其中的重要内容。“提升学前教育质量，是当前和今后学前教育必须努力的方向，对质量的追求是学前教育工作者必须不断付出努力的工作。”幼儿园园长作为幼儿园的第一责任人，其素质直接关系到幼儿园的发展及幼儿教育的质量。学前教育的内涵发展急需具有专业水准的园长队伍的支撑和保障。但是，由于历史原因，我们的园长职业资格准入要求不高，多由一线幼儿教师升任或由上级行政部门直接派遣，加之近几年扩大办园规模涌现了不少新任园长，缺乏全面、系统的专业培训，致使很多园长的实际能力和素质与园长管理工作的要求还存在一定差距，这在一定程度上限制了园长的专业发展，也影响到了幼儿园的科学、优质发展。

专业能力是园长专业化发展在教育实践中的集中体现，是保障其完成职业要求和工作职责的必要条件。园长的专业能力不同于中小学校长，因为中小学是以学科教学为核心的能力结构，而幼儿园必须凸显幼儿园保教结合、以游戏为基本活动的特点，以及环境、生活对幼儿发展的重要价值和独特作用。因此，幼儿园园长的专业能力结构是全方位的、多方面的，具有综合性特点。从新颁布的《幼儿园园长专业标准》看，幼儿园园长被定义为履行幼儿园领导和管理工作的“专业”人员。园长的专业发展水平直接影响到幼儿园的发展方向，直接影响到幼儿园教师的专业发展，直接影响到一个幼儿园的教育教学质量，并最终影响到幼儿的发展。

基于园长职业的特殊性和重要性，我们将研究的视角聚焦于此，拟基于幼儿

园管理实践现场，梳理幼儿园园长的专业素养结构和能力要求，提供有针对性的培养策略与支持途径，从而助力于高质量、专业化和可持续发展的学前教育实践管理者队伍的建设。在分析国内外文献的基础上，我们参考教育部颁布的《义务教育学校校长专业标准》《幼儿园教师专业标准(试行)》和《幼儿园园长专业标准》，从横向和纵向两个角度来构建幼儿园园长专业素养结构(见表1)。从横向来看，我们认为幼儿园园长专业素养结构包括四个方面，分别为研究维度、研究领域、每个领域所包含的支撑要素以及针对支撑要素所细化出的基本指标。从纵向来看，我们认为园长的专业发展是一个动态的过程，不同的园长有着不同的专业发展历程，这是一个不断变化着的、开放的系统，受到多种因素综合作用的影响和制约。园长专业素养是指园长为实现其园所管理目标、承担其园长角色时，在专业精神、专业知识和专业能力三个维度所需具备的素质及要求。其中，专业精神和专业知识都是相对固定的，是经过系统的培训和学习就能够基本具备的，是一种偏静态的素养构成。而专业能力则是灵活和可变的，而且具有鲜明的个性特色，是专业精神、知识以及指导下的行为三者的结合，是真正决定园长素养高低的关键要素。因此，我们将研究重点定位在园长的“专业能力”上，并将其分为“本体性能力”和“延展性能力”两方面。其中，“本体性能力”是指园长在胜任其岗位职责时所应具备的基本能力，而“延展性能力”则是对园长在专业发展的道路上提出的目标和努力方向。我们梳理出园长的专业精神、专业知识以及各项专业能力所涉及的“领域”“要素”“基本指标”，并进一步针对“本体性能力”整理归纳出更为清晰的、操作性强的培养策略与途径。这样，不仅能将动态和静态两方面因素有机结合起来，而且也能更加深入地把握园长专业素养的本质。

表1　幼儿园园长专业素养结构

维度	领域	要素	基本指标
专业精神	专业理念	儿童观	对儿童发展整体性的理解与认识
			对儿童发展阶段性的理解与认识
			对儿童发展差异性的理解与认识
		教育观	对于教育本质的理解与认识
			对于教育目的的理解与认识
			对于教育方式、方法的把握
		职业观	对幼儿教育工作的态度与看法
			对于园长角色、职责的理解与认识
			对园长职业的规划

续表 1

维度	领域	要素	基本指标
专业精神	专业品质	个性品质	具有主动、积极的品质
			具有诚信、公平、敢于担当的品质
			具有终身学习的意识
		职业道德	奉献精神
			爱岗敬业
			服务意识
专业知识	通识性知识	哲学基本知识	运用辩证唯物主义的观点看待问题
			系统性思维
		管理学基本知识	科学管理理论
			过程管理理论
			系统管理理论
			决策管理理论
		社会学基本知识	组织文化理论
			组织行为学理论
		法律法规基本知识	宪法相关知识
			民法相关知识
			经济法相关知识
			教育法相关知识
		财务基本知识	经费预算知识
			经费管理知识
		信息技术基础知识	有关教育技术发展趋势的知识
			教育技术的基本概念、基本理论知识
			教育技术与课程、教学开发相结合的知识

续表 2

维度	领域	要素	基本指标
专业知识	专业性知识	教育学基本知识	课程、教学知识
			教育科研方法知识
		心理学基本知识	普通心理学知识
			发展心理学知识
		学前教育基本知识	学前儿童心理学知识
			学前教育学知识
			学前儿童卫生保健知识
			幼儿园课程知识
			幼儿教育科研方法知识
		幼儿园管理基本知识	幼儿园行政管理知识
			幼儿园保教管理知识
			幼儿园科研管理知识
			幼儿园总务管理知识
			家长工作知识
			教职工队伍建设知识
			文化建设知识
	实践性知识	园所文化建设知识	幼儿园文化特征的知识
			幼儿园文化创建的知识
		教育教学指导与评价相关知识	促进幼儿发展的知识
			促进教师专业发展的知识
		应激性知识	处理突发事件的知识
			危机管理知识
专业能力	本体性能力	政策把握与执行能力	掌握学前教育相关政策、法律法规
			了解学前教育发展趋势与改革动态
		园所规划、计划能力	了解、诊断幼儿园发展现状
			明确发展愿景、目标
			突出发展规划、计划重点
			保障发展规划实施

续表 3

维度	领域	要素	基本指标
专业能力	本体性能力	园所文化建设能力	建设园所精神文化
			建设园所物质文化
			建设园所制度文化
			建设园所行为文化
		保教工作指导能力	指导保教工作计划的制订
			指导保教工作的组织与实施
			对保教工作进行评价与反馈
		卫生保健工作指导能力	指导卫生保健工作计划的制订
			指导卫生保健工作的组织与实施
			对卫生保健工作进行评价与反馈
		课程领导能力	具有关于幼儿园课程及课程领导力的知识
			具有课程改革与实践的专业精神
			选择与规划幼儿园课程
			开发与建设幼儿园课程
			推动幼儿园课程实施
			组织和开展幼儿园课程评价
		教科研管理能力	发现、筛选研究问题，把握研究方向
			做好课题研究的过程管理
			总结、固化、推广教科研成果
		队伍建设能力	选拔、聘用教职工
			规划教职工队伍建设
			提升教职工队伍素质
			稳定教职工队伍
		指导家长工作能力	指导教师树立正确的家长工作观念，学习家长工作的基本方法
			关注教师与家长沟通能力的提升
			指导教师整合家长资源
		公共关系协调能力	与相关部门沟通、协调
			整合、利用资源
		安全管理能力	组织安全工作
			预见安全隐患并提前预防
			应对和妥善处理幼儿园突发事件
			指导开展幼儿园安全教育
			管理幼儿园信息安全

续表 4

维度	领域	要素	基本指标
专业能力	本体性能力	后勤管理能力	指导后勤工作计划的制订
			指导后勤工作的组织与实施
			对后勤工作进行评价与反馈
	延展性能力	学习能力	信息的捕捉能力
			信息的筛选能力
			信息的加工、利用能力
		反思能力	自我监控能力
			自我评价能力
			自我调控能力
		创新能力	把握前沿能力
			批判思考能力

相对应提炼出的 12 项幼儿园园长应具备的本体性能力，我们又逐一细化出“基本指标”及“培养策略与途径”(见表 2)，在明确园长专业角色的基础上，进一步对园长的工作内容进行分析，同时为园长专业能力的自我提升提供抓手。

表 2　幼儿园园长专业能力(本体性能力)的培养策略与途径

专业能力(本体性能力)	基本指标	培养策略与途径
一、政策把握与执行能力	1. 掌握学前教育相关政策、法律法规	(1)熟悉幼儿园政策、法律法规的基本体系，包括： ·国家层面的法律法规； ·国家部委颁布的条例、法规； ·地方政府、教育行政部门颁布的地方性幼儿教育法规。 (2)依法治园，包括： ·开展幼儿园相关政策、法律法规的宣传教育； ·营造依法治园的环境； ·加强制度建设，对幼儿园依法管理。 (3)维护幼儿园的合法权益，承担法律责任。
	2. 了解学前教育发展趋势与改革动态	(1)成为办园思想的领导者。 ·躬身实践，学会在实践中深入思考教育问题，让管理生“根”； ·不断学习，善于与自己、同伴对话。 (2)具有敏锐的教育洞察力。 ·广泛涉猎，扩宽自身的教育视野； ·善于发现问题，积极开展行动研究。

续表 1

专业能力（本体性能力）	基本指标	培养策略与途径
二、园所规划与计划能力	1. 了解、诊断幼儿园发展现状	把握幼儿园发展现状，分析幼儿园发展面临的问题和挑战，形成幼儿园发展思路。
	2. 明确发展愿景、目标	树立正确的办园思想，把握办园方向。 ·坚持贯彻落实党和国家的教育方针，有正确的办园指导思想，能够带领教职工认真学习有关幼教工作的行政法规和规章，并努力付诸实施； ·及时纠正重教轻保、重智轻德、保教分离等违背教育规律、偏离教育目标的倾向，牢牢把握正确的办园方向。
	3. 突出发展规划、计划重点	充分听取园务会议和教职工的意见，组织专家、家长、社区人士等多方力量参与制订幼儿园发展规划，正确决策，科学制订本园工作计划。
	4. 保障发展规划实施	(1)依据发展规划指导教职工制订并落实学年、学期工作计划，提供人、财、物等条件支持。 (2)对计划的实施过程加强检查督促，及时发现和处理问题。 (3)善于总结经验教训，将有成效的措施与做法逐步标准化、规范化，充分发挥集体的智慧和力量，完成工作计划，实现教育目标，提高管理水平。
三、园所文化建设能力	1. 建设园所精神文化	(1)重视幼儿园精神文化建设，关注精神文化潜移默化的教育功能，提升对幼儿园的专业理解与认知。 (2)宣传幼儿园文化建设的基本理论，利用多种渠道，开展丰富多彩的活动，营造专业、科学、和谐的氛围。 (3)加强教师专业知识与方法的学习，引导教师丰富人文、自然知识，提升个人综合素养。
	2. 建设园所物质文化	(1)将安全放在首位，确保场地、玩教具等的安全，积极排查和消除环境中可能存在的不安全因素。 (2)整体设计，合理规划，满足幼儿、教职工的不同需求，营造和谐、统一的环境。 (3)因地制宜，从园所实际出发，整合家长、社区等多方资源。 (4)注重发挥环境的育人功能，重视物质环境创设中幼儿的参与及环境与幼儿的互动。

续表 2

<table>
<tr><th>专业能力
(本体性能力)</th><th>基本指标</th><th>培养策略与途径</th></tr>
<tr><td rowspan="2">三、园所文化建设能力</td><td>3. 建设园所制度文化</td><td>(1)召开党支部会、园务会、全体教职工大会等，帮助教职工明确制度建设的重要意义。
(2)发动全体教职工参与讨论，在统一认识的基础上制订合适的制度。
(3)建立健全各项规章制度。
(4)强化日常的过程考核，将考核结果与年终考核、调资、职评等挂钩。</td></tr>
<tr><td>4. 建设园所行为文化</td><td>幼儿园交往行动文化之——教师间交往
(1)和谐相处原则。要做到鼓励教师之间欣赏优点，包容缺点；真诚交流，建立信任关系。
(2)合作分享原则。要做到增加教师交流机会；慎用评比，不用一把尺子衡量。
幼儿园交往行动文化之——师幼交往
(1)尊重幼儿原则。要做到接纳幼儿的年龄特点；鼓励幼儿大胆尝试；重视幼儿教师的情绪管理。
(2)关注幼儿个体差异原则。要做到接纳幼儿的不同个性特征；鼓励幼儿表达不同观点；敏锐发现幼儿的不同需求与变化。
幼儿园交往行动文化之——家园交往
(1)平等相处原则。要做到鼓励换位思考，互相理解；满足不同家长的需求；谨慎谈论幼儿的不足。
(2)互动合作原则。要做到培养教师的积极态度；目标一致，合力合作；加强教师的沟通技能。
(3)深入交往原则。要做到增加交往的频率；丰富交往的形式。
幼儿教师学习行为文化
(1)关注教师学习整体性原则。要做到提供充足有用的学习资源；园长与教师有效沟通，做到期待与理解一致；以多元化路径激发教师主动发展。
(2)尊重教师学习个体差异性原则。要做到倾听并了解教师的学习需要；提供差异化学习培训。
(3)重视教师反思能力原则。要做到鼓励参与式学习、探究式学习和反思训练；给予教师反思的时间。
(4)重视团队合作原则。要做到营造宽松的团队学习氛围；组织多元化的团体学习。
(5)支持教师自主学习原则。要做到给予教师可自由支配的时间；以教师为主导，改变单向的学习模式。</td></tr>
</table>

续表 3

专业能力（本体性能力）	基本指标	培养策略与途径
四、保教工作指导能力	1. 指导保教工作计划的制订	(1)看计划，想实践。结合园长进班看实践获得的第一手材料、信息，审视保教计划的适宜性和可行性。 (2)听思路，细沟通。倾听业务管理者的想法和思路，通过研讨的方式共同制订工作计划。
	2. 指导保教工作的组织与实施	(1)随机和定时进班相结合。 (2)共同经历实践，研讨分析问题，寻找解决办法。 (3)注重个别沟通技巧，树立园长威信。
	3. 对保教工作进行评价与反馈	(1)通过自下而上和自上而下双向结合的方式研究、制定评价标准，开展教育教学工作评价、幼儿发展水平评价。 (2)确保评价过程的公开公正。 (3)对评价结果进行反思与反馈。 ·了解、分析和反思评价结果，予以奖励或查找问题原因，并改进、完善工作计划； ·针对问题与教师或班级进行个别反馈沟通,引导教师调整改进。
五、卫生保健工作管理能力	1. 指导卫生保健工作计划的制订	(1)加强领导，有序安排。 ·成立幼儿园卫生保健工作领导小组； ·制定园所卫生保健检查标准； ·依据标准定期对卫生保健工作进行检查； ·了解当前卫生保健情况，依据所发现的问题制订相应计划并有针对性地予以指导。 (2)明确任务，制订目标。 ·加强卫生保健人员的思想意识和学习，定期组织培训； ·针对上学期出现的问题以及可预知的问题，明确本学期的工作任务，根据任务制定本学期要完成的目标。 (3)突出重点，要求明确。 ·制订具体可行的措施，明确规定各项工作的内容及质量要求。
	2. 指导卫生保健工作的组织与实施	(1)明确卫生保健工作的任务与内容。 (2)加强卫生保健机构和设施建设。 ·配备专职保健人员，设保健室； ·重视卫生保健设施的配制，从行政上和经济上给予保障。 (3)完善卫生保健工作制度建设。 (4)加强卫生保健队伍业务能力建设。 (5)形成卫生保健工作程序。 (6)加强部门沟通与协作。 ·成立相应的协作组织(如膳食管理委员会、卫生检查小组、安全保卫小组等)，来完成各项卫生保健工作。 (7)建立家园联系，共促幼儿健康成长。

续表 4

专业能力（本体性能力）	基本指标	培养策略与途径
五、卫生保健工作管理能力	3. 对卫生保健工作进行评价与反馈	(1)完善检查与评价标准。 (2)多种评价方式相结合。 · 定期评价与不定期评价相结合； · 单项评价与综合评价相结合； · 阶段性评价与结果性评价相结合。 (3)建立科学的评价机制。 · 建立专门的考评小组； · 加强日常考评； · 完善考评程序。 (4)建立有效的反馈机制，及时反馈。 · 考核评价结果要及时公示； · 考核评价结果要正确反馈； · 考核评价结果要充分利用。
六、课程领导能力	1. 具备关于幼儿园课程及课程领导力的知识	(1)了解和反思课程领导和园长课程领导的概念、特征、构成要素、现实迫切性等。 (2)了解和反思幼儿园课程的概念、构成要素和我国幼儿园课程的历史发展等。 (3)结合实践进行反思和总结。
	2. 具备课程改革与实践的专业精神	(1)提升勇于课程改革和实践的自觉意识(专业自信、专业坚守、专业追求)。 (2)提升领导课程改革和实践的自主实践能力(研究幼儿、研究幼儿园课程、研究幼儿园文化)。 (3)促进自身在引领课程改革和实践的过程中不断自我超越(自我培训、专题培训)。 (4)不断反思，明晰课程的价值取向(把握关键要素，掌握方法策略)。
	3. 选择与规划幼儿园课程	(1)掌握课程选择与规划的原则，基于本园特点选择与规划课程。 (2)“博览”多家课程、多种课程表现形式。 (3)对比分析和深入分析，准确判断本园课程的现状和发展目标。 (4)在讨论和实践的过程中摸索、制订幼儿园课程规划，并着力实施规划。

续表 5

专业能力（本体性能力）	基本指标	培养策略与途径
六、课程领导能力	4. 开发与建设幼儿园课程	(1)深入认识和理解课程开发与建设的含义，尤其是理解园本课程的含义。 (2)认识和了解园本课程开发与建设的背景和条件。 (3)掌握园本课程开发与建设的原则、方法与策略。
	5. 推动幼儿园课程实施	(1)构建推动课程实施的领导体系。 (2)推动和保障课程实施的管理制度建设。 (3)遵循推动课程实施的原则（课程领导是核心，发挥教职工的主动性，系统推进，共同愿景）。 (4)在参与和指导课程实践中推动课程实施。
	6. 组织和开展幼儿园课程评价	(1)深刻认识幼儿园课程评价的重要意义。 (2)了解和掌握幼儿园课程评价的功能、对象与类型。 (3)遵循幼儿园课程评价的原则（功能多样性，评价主体多样性，诊断和改进性）。 (4)掌握幼儿园课程评价的组织方法与策略。
七、教科研管理能力	1. 发现、筛选研究问题，把握研究方向	(1)双向互动，聚焦关键问题。 ·园长从自身经验、入班观察记录、家长问卷、教师访谈和上级文件精神等出发，结合园所发展现状，初步确定可作为教科研专题的内容； ·教师聚焦本班幼儿发展、家长工作、教育教学、班级管理等方面存在的突出问题，通过教研组等向园长反映。 (2)借助外力，为我所用。 ·积极与园外科研机构、高校、研修部门及各级主管部门沟通，共同分析并明确幼儿园的教科研思路和基本方向，保证教科研思路的科学性和研究的可行性，提升教科研方向的引领性。 (3)客观分析，准确定位教科研方向。
	2. 做好课题研究的过程管理	(1)园长亲自参与研究，把握教科研过程。 (2)定期了解、检查各项教科研工作的开展情况，做好阶段总结。 (3)合理配置资源，人尽其才，物尽其用。
	3. 总结、固化、推广教科研成果	(1)定期对教科研成果进行总结和梳理，进行阶段性总结。 (2)通过专业期刊发表教科研成果，扩大影响效果和范围。 (3)通过观摩展示的方式，分享和交流经验，进而提高教师的教科研能力。

续表 6

专业能力（本体性能力）	基本指标	培养策略与途径
八、队伍建设能力	1. 选拔、聘用教职工	(1)明确实施原则： ·理念层面：以德为先； ·专业层面：结构合理； ·方法层面：秉持原则； ·全局层面：可持续发展。 (2)选拔与聘用教师的实施途径与方法： ·要关注教师所实习的幼儿园的评价； ·要关注教师对面试问题的回答； ·需要借助一定的工具，有针对性地了解教师； ·保持开放的心态； ·与高校合作培养、选拔； ·要关注园所的可持续发展和人的可持续发展； ·要关注教师成长的关键期； ·要关注教师队伍中的特殊群体。
	2. 规划教职工队伍建设	(1)明确实施原则：先进性、前瞻性、计划性、独特性。 (2)教师队伍规划的实施途径与方法： ·进行教师队伍现状分析； ·明确教师队伍规划的理念与目标； ·明确教师队伍规划的具体思路与措施：自上而下型；自下而上型。
	3. 提升教职工队伍素质	(1)明确实施原则：师德为先、以人为本、质量为先。 (2)提升教师队伍质量的实施途径与方法： ·重视师德建设，提高教师道德素质； ·完善培训机制，有效支持教师专业发展； ·完善教师管理机制，调动教师工作积极性； ·促进教师专业化发展，提升教师队伍质量。
	4. 稳定教职工队伍	(1)明确实施原则：自主原则、幸福原则、服务原则、发展原则。 (2)稳定教师队伍的实施途径与方法： ·环境育人，文化聚人； ·双激励，满足教师需要； ·成就自我，享受幸福； ·心有所属，体验归属感。

续表 7

专业能力 (本体性能力)	基本指标	培养策略与途径
九、指导家长工作能力	1. 指导教师树立正确的家长工作观念，学习家长工作的基本方法	(1)引导教师树立家园共育的意识，明确家园合作的重要性。 (2)引导教师树立正确的家长观，明晰家长的角色定位，对不同类型家长进行分析，采取有针对性的工作方法。 (3)建立有效的家长工作制度和流程，比如，形成家园联系的“三会”模板： ·新教师家长工作的难题分享会； ·经验型教师家长工作的创意会； ·骨干教师家长工作的微课展示会。 (4)引导教师逐步掌握家园形成合力四部曲： ·“拽”出来的前奏； ·“顺”出来的精彩； ·“引”出来的高潮； ·“牵”出来的完美。 (5)指导教师学习、掌握家长工作的基本方法： ·讲课式指导和活动式指导相结合，以活动式指导为主，增强家长的主动性、参与性； ·选择家庭中教子有方的家长组成骨干队伍，促进指导活动的互补性； ·随机指导、个别指导和集体指导有机结合，提高指导活动的针对性。
	2. 关注教师与家长沟通能力的提升	(1)提升教师的沟通意识，通过案例分析、问题解答等引导其学习家园沟通的艺术，丰富其家园沟通的策略与方法。 (2)搭建现代化的家园沟通平台(如 APP、微信公众号)，增强家园沟通的便捷性、实效性、情感性。 (3)开展多种形式的家园沟通： ·随机面谈，彰显师者的智慧； ·集体沟通，亮出专业的水准； ·电话沟通，提纲挈领先梳理； ·书面沟通，传递浓浓的关爱； ·网络沟通，拉近心与心的距离； ·短信沟通，换位思考的理解； ·环境沟通，潜移默化的表达； ·家访沟通，倾听家庭的故事。

续表 8

专业能力（本体性能力）	基本指标	培养策略与途径
九、指导家长工作能力	3. 指导教师整合家长资源	(1)明确利用家长资源的原则： ·机会均等原则； ·双主体原则； ·幼儿为本原则； ·家园双促进原则。 (2)发挥家长的主观能动性，以多样化的形式、灵活多变的方法引领家长参与到教育中： ·家长委员会——人尽其才，资源互补； ·家长志愿者——凝心聚力，牵手前行。
十、公共关系协调能力	1. 与相关部门沟通、协调	(1)谦虚谨慎，好学多问。 ·要不断学习，掌握较为广博的知识，吸收各方面的信息。 (2)主动应对，用足政策。 ·注重采取多种形式与公众交往，并在交往中促进了解，沟通感情，促进发展； ·要主动、积极地宣传国家相关的法律法规和本园的办园理念、成果，争取各级领导、相关部门的重视和支持。 (3)长期规划，适度宣传。 ·建立幼儿园对外合作与交流机制，开放办园，形成幼儿园与家庭、社会(社区)及其他园所间的良性互动； ·加强幼儿园与社会(社区)的联系，利用文化、交通、消防等部门的社会教育资源，丰富幼儿园的教育活动； ·引导家长委员会及社会有关人士参与幼儿园教育、管理工作，吸纳合理建议。
	2. 整合、利用资源	(1)在观念上，树立任何资源都是可用的现代管理理念。 (2)在眼界上，要具有开阔的视野和独到的眼光。
十一、安全管理能力	1. 组织安全工作	全面了解幼儿园安全管理的基本形式和主要问题，对幼儿园安全工作的重要性有全面、深刻的认识。
	2. 预见安全隐患并提前预防	(1)建立科学、规范的安全管理体系。 (2)把安全教育融入一日生活，定期组织开展多种形式的安全教育和事故预防演练。

续表 9

专业能力（本体性能力）	基本指标	培养策略与途径
十一、安全管理能力	3. 应对和妥善处理幼儿园突发事件	制订幼儿园安全应急预案，如公共卫生事件预案、社会安全事件预案、自然灾害安全预案、应急演练预案。
	4. 指导开展幼儿园安全教育	(1)面向不同人群开展幼儿园安全教育： ·对教师的安全教育； ·对幼儿的安全教育； ·对家长的安全教育。 (2)开展多种形式的幼儿园安全教育： ·文字资料的宣传教育； ·事故案例的宣传教育； ·亲身体验的宣传教育； ·走出去培训与请进来培训结合的宣传教育； ·日常生活中的安全教育。
	5. 管理幼儿园信息安全	配备专职人员管理网络，并对本单位的网络使用情况进行监督、检查。
十二、指导后勤工作能力	1. 指导后勤工作计划的制订	基于已有成绩，预测未来发展，制订切实可行而又鼓舞人心的必达目标，做到“长计划，短安排”。 ·集思广益汇问题； ·七嘴八舌说计划； ·管中窥豹订计划； ·逐层递进做计划。
	2. 指导后勤工作的组织与实施	(1)利用心理效应，营造适度、规范的激励环境。 ·瓦拉赫效应：资源优化配置； ·共生效应：前勤后勤齐心做； ·蝴蝶效应：精益求精共努力； ·鲶鱼效应：不拘一格降人才； ·南风效应：心平气和破难题； ·扁鹊兄弟治病：未雨绸缪有规划。 (2)认识“四个理解点”，强化“创新型”人才的培养。 ·理解前瞻性的教育观点； ·理解园所文化理念； ·理解幼儿的年龄特点； ·理解教师的思维特点。

续表 10

专业能力（本体性能力）	基本指标	培养策略与途径
十二、指导后勤工作能力	3. 对后勤工作进行评价与反馈	(1)深入一线，发现问题，现场指导，及时纠错。 ·奖惩机制人性化； ·奖惩机制公开化； ·奖惩机制可操作化。 (2)开展不同类型的过程评价，如幼儿评价、教师评价、园所评价、自我评价、社会资源评价。 (3)搭建平台，进行多样化学习。

园长的专业发展，是对幼儿园园长职业的重新定位，对园长胜任岗位职责应具备的专业精神、专业知识和专业能力提出了更高的要求。通过与北京市一百多位优秀幼儿园园长的共同研究与探讨，分析影响园长专业发展的综合性因素，挖掘影响其专业发展的多种因素，探讨促进园长专业发展的策略，我们最终搭建出园长专业素养的结构框架，并在此框架的基础上编写成本套《幼儿园园长专业能力提升丛书》。丛书以领导力理论和心理学相关研究为新的理论支撑，目的是帮助广大园长从优秀园长专业发展历程中借鉴经验，明确专业发展意识，从而有目的地确定努力方向，从根本上促进园长个人专业发展，进而推进园长职业群体的专业化进程，实现园长专业化；同时为园长专业发展的研究提供事实和理论依据，也为学前教育管理研究奉献绵薄之力。

本套丛书包括 11 本分册，涵盖 12 项幼儿园园长应具备的专业能力(其中，政策把握、规划制订两项能力合为一册)。书中不仅系统梳理了每项专业能力的组成要素、培养策略与途径，而且贯穿设计了案例分析、办园经验分享、拓展阅读资料等多样化的板块，力求使这些专业能力真正做到“看得见，摸得着”，使处于不同发展阶段、不同类型幼儿园的园长更清晰地了解自己所从事岗位的专业要求、内涵以及实施路径，最终达到促进园所保教质量提高，促进幼儿全面、健康、快乐发展的目的。

参与本套丛书编写的作者都是北京市学前教育兼职教研员队伍“园长管理组”的成员。丛书是这个团队全体成员在四年的研究和探讨中，系统梳理工作经验、感悟和思考，提炼而成的有教育理念支撑、有研究过程思辨、有实践经验提升的教育成果。可以说，每一项专业能力都能体现和运用于园长与幼儿、与教师、与家长、与行政部门相处的过程中，每一本书都蕴藏着教育的智慧，都能带给人新的思考。更进一步说，本套丛书是“园长管理组”全体成员对我们所热爱的幼教事业的真诚回报。感谢参与编写的幼儿园园长、教研员以及提供案例支持的幼儿园。主编苏婧负责了整体策划及全书统稿工作。

由衷地感谢北京师范大学出版社罗佩珍编辑，在时间紧、任务重的情况下，正是由于她努力工作，认真负责，本套丛书才得以顺利问世。

期待着《幼儿园园长专业能力提升丛书》能为幼儿园管理者们提供有益的参考，也衷心希望幼教同仁提出宝贵意见。

苏婧

2017 年 2 月

序言

今天，园长要成就教师

不同的时代，对幼儿园园长有着不同的要求。在今天这个信息科技飞速发展、倡导“以人为本”核心价值观的社会背景下，如何做一名合格的园长，成为当下很多学前教育工作者困惑与思考的问题。

回想自己做园长已有近十七年的光阴。在这十七年间，有困惑，有彷徨，有挑战，有喜悦，有感动……个中滋味，相信很多人都有共鸣。当园长，特别需要的就是支持，一种是政策、精神层面的支持，另一种就是专业、实践层面的支持。为给园长们提供更切实有效的支持，北京市早期教育研究所所长苏婧带领北京市学前教育研究工作者和园长们，针对幼儿园园长的专业素质、核心能力等开展了深入的探索与研究。其中，我与朝阳区三里屯幼儿园张爱军园长共同负责关于“园长如何提升教师队伍建设能力”的专题研究。

教师队伍的发展直接关系到幼儿园的教育质量与未来发展，关系到每个孩子的健康、快乐、自主发展。习近平总书记曾谈道：“一个人遇到好老师是人生的幸运，一个民族源源不断涌现出一批又一批好老师则是民族的希望。”因此，幼儿园教师队伍的建设工作至关重要，是园长的核心工作之一，我们要高度重视。

我们结合《幼儿园园长专业标准》等文件的主要精神以及幼儿园进行教师队伍建设的实践情况进行多次讨论与探索，反复揣摩，几易其稿，通过顶层设计构建研究的框架，结合园长核心工作分解能力指标，精选实践案例进行深入剖析，力求挖掘园长进行队伍建设的关键点，希望能够对读者有所启示。

我们注重理念引领，对研究主题进行了多次斟酌与推敲，“成就教师”四个字虽然简短，但寄托了我们沉甸甸的期待，一方面期待我们已有的实践探索能够不断完善并取得实效；另一方面，就是期待园长们能够以正确理念为引领，为教师的成长搭建平台，支持教师走向“前台”，成就最好的自己。作为园长，要用自己的努力，去成就每位教师的专业化发展，这才是作为园长最大的成就！

园长要成就教师，那么成就教师的什么？如何成就？这些是本书聚焦的主要内容。我们认为，园长关于教师队伍建设要秉持“支持教师、成就教师”的理念，其核心能力主要包括以下四个方面：一是选拔与聘用教师的能力，这是教师队伍建设的重要开始，只有选拔与聘用合适的教师，才能成就教师与幼儿园之间的“信任”；二是规划教师队伍的能力，园长心里要装着每位教师的发展，关注教师的成长，以此来成就教师未来发展的“希望”；三是提升教师队伍质量的能力，关注队伍的核心质量，成就教师的“专业”，只有支持教师在专业上提升质量，才能使教师获得真正的快乐与幸福感；四是稳定教师队伍的能力，使教师不仅能够稳定在幼儿园队伍中，更能稳定在学前教育事业上，以此成就教师对幼儿园以及学前教育事业的“归属感”。这些能力需要园长用心体悟与修炼，本书从这四个方面入手，以“成就教师”为核心点，挖掘园长在队伍建设中的主要问题、做法、效果以及进一步的思考，借助核心观点的阐释以及典型案例的评析，梳理具有普适性的规律与特点，努力为读者呈现理论思考与实践探索的双重研究成果。

实践与研究的过程充满踌躇与反复，同时也透着无限的乐趣，每个小观点、小经验背后都凝聚着我们的实践与思考。因此，在本书出版之际，我要特别感谢为我们提供这个平台的苏婧所长，以及她组建的精英团队，每一次团队研讨都是智慧的碰撞，快意无限，收获无限，使我们感受到研究的幸福以及研究带给我们的成长。感谢北京师范大学出版社罗佩珍老师对我们的专业支持与帮助，感谢我们的研究团队齐心协力，攻坚克难，快乐研究，感谢北海幼儿园杨颖老师在组稿过程中的辛苦付出，是大家共同的努力推进了此项研究务实有效地开展！

当然，本书的研究还存在不足之处，有些观点还需要深入的阐释与研究，但我们愿意以此为媒介，边研究边分享，边反思边实践，不断完善，不断进步。愿此书为广大一线园长们在教师队伍建设方面提供一定的思路与启发，愿我们共同努力，成就每一位可敬可爱的教师，进而成就每一个孩子健康快乐地成长，成就我们学前教育事业的发展！

柳茹
2016 年冬

前言

近年来，党和政府对学前教育越来越重视，把发展学前教育摆在重要位置。2010年7月，党中央、国务院印发了《国家中长期教育改革和发展规划纲要(2010—2020年)》(以下简称《规划纲要》)，对教育事业的未来发展做出宏伟规划，其中提出：到2020年要基本普及学前教育。同年，《国务院关于当前发展学前教育的若干意见》提出把发展学前教育摆在更加重要的位置，并要求各省编制学前教育三年行动计划。为帮助广大幼儿园教师和家长了解3～6岁幼儿学习与发展的基本规律和特点，全面提高科学保教水平，教育部印发了《3－6岁儿童学习与发展指南》。党的十八大更是提出“办好学前教育，办好人民满意的教育”。这一系列政策、文件的出台，让全国学前教育工作者欢欣鼓舞：学前教育的春天来了！在新的历史时期，党和国家如此重视学前教育事业，并且出台了一系列惠民政策，给学前教育事业的发展带来前所未有的机遇和挑战。

其中，教师队伍建设成为发展学前教育的关键因素。2014年，习近平总书记同北京师范大学师生代表座谈时，谈到国家繁荣、民族振兴、教育发展，需要我们大力培养造就一支师德高尚、业务精湛、结构合理、充满活力的高素质专业化教师队伍，需要涌现一大批好教师，好教师要有理想信念，有道德情操，有扎实学识，有仁爱之心，教师队伍的发展是教育发展的关键，只有不断提高教师队伍的专业素质，提高队伍的战斗力、凝聚力、学习力，才能不断提高教育的质量。

《规划纲要》第十七章论述“加强教师队伍建设”的议题，提到“教育大计，教师为本。有好的教师，才有好的教育。保障教师地位，维护教师权益，提高教师待遇，使教师成为受人尊重的职业。严格教师资质，提升教师素质，努力造就一支师德高尚、业务精湛、结构合理、充满活力的高素质专业化教师队伍。”这既是国家对教师队伍重要性的确认，也是国家对高素质专业化教师队伍的追求。《国务院关于当前发展学前教育的若干意见》中，提到要把教师队伍建设作为教育事业发展最重要的基础工作来抓。由此可见，教师队伍建设是学前教育发展的根本。学前教育是基础教育的有机组成部分，学前教育健康发展的关键在于学前教育师资队伍建设。

时代在发展，社会在进步，教师队伍发展对幼儿园发展的重要性已经越来越受到人们的重视。学前教育是国民教育体系的重要组成部分，是人生教育的基础环节，建设并优化配置一支素质优良的幼儿教师队伍是学前教育事业发展的关键。《幼儿园教师专业标准(试行)》的颁布是我国学前教育事业发展的需要，也是保障整个教育事业科学发展和教育公平的新形势下为保障学前教师队伍质量和幼儿健康成长而出台的，是国家对合格的幼儿园教师专业素质的基本要求。

作为园长，要与时俱进，审时度势，学前教育越来越受到社会各界的关注，幼儿园工作应紧跟时代步伐，及时学习和领会党对学前教育的指示精神，及时关注社会动态，步调一致地安排工作，加强教师队伍建设，提升幼儿园教育质量。

园长要具备一定的教师队伍建设能力，这是园长综合能力的关键点，是园长领导幼儿园不断前进与发展的关键点。其中，“成就教师”是做好教师队伍建设的基本理念。何为“成就教师”？我们认为，怎样使每个人都感受到自己的重要性，都能成就自己，这对于管理者来说，是一个富有意义的挑战。

我们该如何看待教师？每个教师都不同于他人，是独特的；我们该如何评价教师？不能用一把尺子衡量所有教师，每个教师都有自己的优点和特长。作为园长，就是要坚持研究教师的主体性，支持教师在自主意识上的回归、自主行为上的跟进、自主评价上的内化，使教师成为自主发展的先行者，成为独一无二的自己。

每个教师都有自己的目标和人生追求，每个教师都有自己的发展方式。因此，从管理上讲，支持教师成就自己就是要延续与升华教师对事业的爱，就是要尊重教师的个体差异，搭建多元平台，支持教师成就最好的自己。

成就感是教师的一种重要的职业感受，那么如何激发教师的成就感呢？“成就感与教师的工作态度、敬业精神等联系在一起，适当的、合理的成就感能促进教师努力工作和主动创新。幼儿园教师成就感的指向不应是文本的和纸面的成果，而应是日常的幼儿行为和表现。也就是能通过温暖、积极而有效的师友互动，引发幼儿积极投入、努力创造、主动表达，让幼儿在原有水平上得到发展，是幼儿园教师最大的成就，文本的、纸面的成就只是日常幼儿表现的副产品，不能主次颠倒……”因此，教师的成就感要回到幼儿一日生活过程之中，回到教师和幼儿的行动之中，回到幼儿活动的现场……只有这样，我们才能真正引导教师拥有一种务实的、积极向上的成就感。

园长要加强教师队伍建设，需要注意以下几个基本原则。

第一，坚持以德为先。园长要认识到，师德建设是教师队伍建设的重要前提，幼儿园的师德师风如何，不仅体现了教师的职业道德和教风学风，而且决定着一所学校的文化氛围和精神风貌，决定着幼儿的未来与发展，决定着教师的职业高度。

园长要坚持以德为先。首先，要以身作则，树正风，扬正气，以德服人，以高尚的品德和高站位的思想觉悟影响人、启迪人、引领人；其次，要营造"德为先"的管理理念，传递正能量，激励管理干部与教师树立积极的阳光心态；最后，园长要重视幼儿园的德育，不仅在教师之间传递美德、弘扬高尚品德，更要让美德的种子播种在孩子们的心里。《礼记》中这样提道："师也者，教之以事而喻诸德者也。"所谓教师，就是教会学生事理，培养学生的优良品德的人，园长要紧紧把握教师职业的特殊性，抓住"德"的核心，不断提升教师队伍的综合水平。

"德"的重要体现就是"爱"，"爱"是办好幼儿园的基石，园长要用自己对学前教育事业的"爱"去经营幼儿园，唤起并激发教师去热爱孩子、热爱事业、热爱幼儿园。同时，支持教师把"爱"变成工作的动力，落实到每个与孩子互动的瞬间，落实到一点一滴中，这才是"德"的重要表现。

第二，坚持以人为本。人的发展和需求是新时代发展的核心，只有充分了解人的发展需求，才能更加有的放矢、事半功倍。园长在幼儿园管理过程中，要紧紧抓住这个核心，尤其是在教师队伍建设方面，只有充分了解教师在实践中的真问题和真需求，才能把工作做到教师心坎儿上。

教育的本质是什么？古往今来，我们从未停止过对这一问题的探寻。我们认为，教育的本质就是培养人，而教育改革的核心就是人本主义的回归。归根结底，我们要促进人的发展，而学前教育是素质教育的奠基阶段，也是终身教育的基础。作为学前教育工作者，我们必须站在为人的一生的发展奠定基础的高度去办学前教育，这是我们的使命。

一是发现真问题。园长在幼儿园教师队伍建设过程中，要充分调研，倾听教师的心声，发现教师实践中的真问题，分析影响教师发展的内在因素。只有真正走进教师的心里，站在教师的角度去思考，才能发现真问题，否则只是"浮于表面"。园长要沉下心来，与教师进行心灵的对话，才能不断地收获教师的信任与支持，才能与教师携手办好幼儿园。

二是充分相信教师。相信教师，就是尊重教师的主体地位，相信教师是有思想、有能力的实践者、学习者和研究者。这就要求园长放低身段，尽可能地放大教师的智慧，努力为教师营造自由、快乐、民主的工作氛围，让教师体会到快乐、自主，体会到人生的幸福，进而把这种快乐传递给孩子，给孩子更大的自主发展的空间。

第三，坚持以幼儿为本。《幼儿园教育指导纲要(试行)》(以下简称《纲要》)指出："幼儿园教育应尊重幼儿的人格和权利，尊重幼儿身心发展的规律和学习特点，以游戏为基本活动，保教并重，关注个别差异，促进每个幼儿富有个性的发展。"《纲要》为我们的教育指明了方向，教育首先要关注"人"。因此，首先，我们的教育要尊重幼儿作为独立个体的人格和权利；其次，我们的教育要尊重幼儿的学习方式；最后，我们的教育要尊重幼儿的个体差异，让每一个有着鲜活个性的幼儿绽放出属于他自己的别样光彩。

园长在教师队伍建设过程中，要紧紧把握幼儿园教育的最终目的，即促进每个孩子快乐自主发展。教师专业化水平的提升，最终要回归的就是孩子的发展，我们始终相信，只要人的主体性被充分尊重和激发，人的潜力和发展空间就是无限的。

1987 年，75 位诺贝尔奖获得者在巴黎聚会。有人问其中一位老人："您认为在哪所大学学到的东西最重要?"老人平静地回答："在幼儿园。"我国近代启蒙思想家梁启超先生也曾说过"人生百年，立于幼学"，意指在年幼时接受的教育，对人一生的发展有重要的影响。幼儿园教育如此重要，幼儿园教师队伍的建设更是不容忽视，园长在充分认识到这一点的同时，要不断提高幼儿园教师队伍建设的能力，明确目标，树立正确的理念。

幼儿园教师队伍建设能力主要包括四项主要内容，作为园长，要充分把握这几部分内容的内涵及关系，找到工作的突破口，提高工作效率，不断提升教师队伍的水平。

一是选拔与聘用教师的能力。我们在开展幼儿园教师队伍建设工作的第一步就是要组建教师团队，选拔与聘用教师，如何来选拔与聘用教师，这是园长需要具备的基本能力。在这个过程中，园长要把握的关键点就是借助选拔与聘用教师，成就教师的信任。

二是规划教师队伍的能力。园长要如何规划教师队伍，使其能够在幼儿园质量提升过程中起到积极的推动作用，这就需要园长不断提升队伍规划能力，高瞻远瞩，与时俱进，全面统筹，系统思考，规划幼儿园教师队伍的发展，成就教师的希望。

三是提升教师队伍质量的能力。提升教师质量能力是园长要具备的核心能力，园长既要清晰地认识到教师队伍质量提升的问题与关键点在哪里，同时，也要能够掌握提升教师队伍质量的基本策略与途径，并指导相关负责人员进行具体落实，不断提升教师队伍质量，成就教师的专业发展。

四是稳定教师队伍的能力。教师队伍的发展具有长期性与不稳定性，如何在时间推动中最大限度地保持教师队伍的稳定性，剔除不稳定因素，提升教师的归属感与使命感，这需要园长不断提高稳定教师队伍的能力，成就教师的归属。

园长要成就教师，就要不断提升教师队伍建设能力，在选拔聘用、队伍规划、质量提升、稳定队伍等方面体现教师的主体性。成就教师，也就是成就了幼儿园的未来，成就了幼儿的发展。幼儿园的发展靠教师，因此，成就每位教师成为幼儿园园长的必然选择。

目录

第一章　成就教师的信任

——园长选拔与聘用教师能力的提升

想一想

我是一名新手园长，在工作中我最大的快乐来自与教师一起研究与探索，最大的困扰也来自教师。一所幼儿园当中，教师承载着培养人的重任，是落实办园理念、培养目标的直接践行者，不同的教师有着不同的性格，不同的经历，不同的专长，不同的追求，不同的思考……

有时候我为教师多元价值观的碰撞而苦恼，有时候因为教师之间专业知识结构的良莠不齐而伤脑筋，有时候为每位教师的实践与发展而苦苦思索，这一切都是教师队伍中的核心问题。然而，我把这些问题归根于一个源头：园长对教师的选拔与聘用。

作为一名园长，要不断提升自身的领导力，重要的是在选拔与聘用教师能力上得到一定的提升，要逐渐看清楚教师队伍的整体情况，把握教师队伍发展的顶层思考。因此，选拔与聘用幼儿教师对于教师队伍整体发展的意义何在，如何把握选拔与聘用教师的基本原则与关键点，在实践中如何通过切实有效的途径与方法选拔、聘用教师等，这些问题是需要我深入思考的。

——某幼儿园园长工作手记

选拔与聘用教师是进行教师队伍建设的第一步，如何选拔与聘用适合的教师，成为园长们的重要工作之一。

作为园长，要想成就教师，就要做好起点工作，也就是要在选拔与聘用教师的过程中体现办园理念，把尊重教师、支持教师、成就教师渗透到工作细节当中，这一环节既是教师向幼儿园展示的关键环节，同时，也是宣传园长管理理念的重要窗口。因此，园长要具有一定的选拔与聘用能力，在这个过程中成就教师的信任感，使其迈好教师职业生涯的第一步。成就信任是双向的，一方面是教师对幼儿园未来发展的信任，另一方面是幼儿园对教师的专业发展的信任，只有达成双向信任，才能最大限度地实现双赢、双发展。

人才是事业发展的第一资源，是幼儿园一切工作成败的关键，是幼儿园实力与品牌的根基，更是幼儿园竞争制胜的法宝。

习近平主席在2013年全国组织工作会议上的讲话提道："要树立强烈的人才意识，寻觅人才求贤若渴，发现人才如获至宝，举荐人才不拘一格，使用人才各尽其能。"知人善任的能力和气度，科学合理的用人方法和春风化雨的领导艺术，是每位优秀园长必备的基本功。选拔优秀的教师，是园长做好幼儿园管理、带好教师队伍、提高办园质量的基本前提。

第一节　选拔与聘用教师

园长对人的管理能力，是其工作的核心领导力，其中，对人的选拔与聘用是园长提升教师队伍建设能力的第一步，也是最基本的能力。作为园长，不仅要充分认识选拔与聘用教师的重要性，认识到选拔与聘用教师对教师队伍发展、对幼儿园可持续发展、对学前教育事业发展等的重要意义；还要对选拔与聘用教师有自己深入的认识与理解，这种认识与理解将被转化为可操作的工作能力，支持园长在实践中做好选拔与聘用教师的相关工作。

一、选拔与聘用教师的已有研究和认识

（一）我国幼儿教师教育的现状

我国的职前教师教育，主要通过师范教育来完成，很多师范院校虽然有着完善的培养方案，尤其是对专业知识的学习，但是专业技能环节却差强人意，一部分院校通过与基层幼儿园的合作，为学生提供实习的机会，但是从实习计划、实习培养、考核等方面缺乏科学合理且严谨的设计。因此，园长在幼儿园选拔教师的过程中，一定要注重对实践能力的考察。此外，我们还应进一步强调教师的价值观，要注意考察教师对教育事业的信仰和态度，也就是要对参与应聘的教师的工作经历或周围人对其评价情况来判定教师是否真对教育抱有热情，这对教师入职后的专业发展非常重要。

（二）我国有关选拔与聘用教师的研究

园长应认识到，幼儿园发展的关键在于幼儿的发展，在于教师团队的发展，

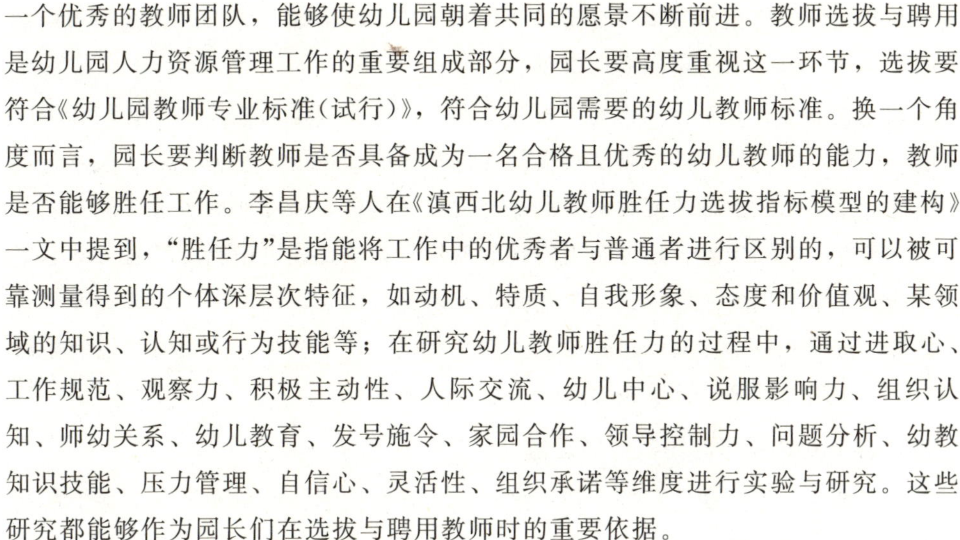

一个优秀的教师团队，能够使幼儿园朝着共同的愿景不断前进。教师选拔与聘用是幼儿园人力资源管理工作的重要组成部分，园长要高度重视这一环节，选拔要符合《幼儿园教师专业标准(试行)》，符合幼儿园需要的幼儿教师标准。换一个角度而言，园长要判断教师是否具备成为一名合格且优秀的幼儿教师的能力，教师是否能够胜任工作。李昌庆等人在《滇西北幼儿教师胜任力选拔指标模型的建构》一文中提到，“胜任力”是指能将工作中的优秀者与普通者进行区别的，可以被可靠测量得到的个体深层次特征，如动机、特质、自我形象、态度和价值观、某领域的知识、认知或行为技能等；在研究幼儿教师胜任力的过程中，通过进取心、工作规范、观察力、积极主动性、人际交流、幼儿中心、说服影响力、组织认知、师幼关系、幼儿教育、发号施令、家园合作、领导控制力、问题分析、幼教知识技能、压力管理、自信心、灵活性、组织承诺等维度进行实验与研究。这些研究都能够作为园长们在选拔与聘用教师时的重要依据。

(三)对选拔与聘用教师的认识

1. 人力资源视野下的选拔与聘用

从人力资源理论来讲，所谓选拔与聘用，就是要通过各种信息，把具有幼儿园教师资质的人聚集到一起，选拔符合幼儿园需求的优秀人才，然后达成合作约定，签订聘用合同。因此，在选拔教师的过程中，要避免简单的面试，避免凭个人主观知觉判断。要选择科学的选拔方法(如面试、心理测试等)，进而提高教师在未来幼儿园团队中的稳定性。

2. 幼儿教师与中小学教师、高校教师在聘用方面的异同

幼儿教师的聘用与中小学教师、高校教师的聘用有着共同的特点，也有着自己的特点。

(1)相同点

学校、幼儿园及教师在法律上是对等的关系主体；每位教师的聘用时间有具体规定；聘用过程是一个双向选择和审核的过程，不具备竞争力的幼儿教师和不具备竞争力的幼儿园都面临着被淘汰的危险。

(2)不同点

《幼儿园教育指导纲要(试行)》总则的第四条指出：“幼儿园应为幼儿提供健康、丰富的生活和活动环境，满足他们多方面发展的需要，使他们在快乐的童年生活中获得有益于身心发展的经验。”幼儿园创造健康、丰富的生活和活动环境来帮助幼儿获得简单的知识和生活经验，幼儿在游戏中学习，在学习中游戏，幼儿

教师在幼儿的生活和学习中以支持者和帮助者的角色出现，所以幼儿教师聘用制与中小学和高校教师聘用制有所区别。

幼儿教师要有对多种知识的了解和掌握，最重要的是幼儿养护、音乐和美术技能。此外，幼儿教师还必须掌握婴幼儿保育知识和技能，掌握音乐、美术、舞蹈技能，这样幼儿教师才能为幼儿的身心发展提供全面和专业的服务。幼儿教师除了具备专业的知识外，还要跟上时代的变化，为幼儿提供最新的教育方式和方法，让幼儿学习世界领域内最先进的知识。因此，幼儿教师的岗位设置和职务晋升更应注重幼儿教师在实际工作中的贡献。所以，幼儿教师的聘用对象没有学科之分，一个幼儿教师往往具备多种能力。

3. 园长对选拔与聘用教师的理解

为了进一步优化幼儿教师队伍，推动幼儿园在教学、科研和社会服务上的稳步发展，为优秀教师提供更好的发展平台，最大限度地调动广大幼儿教师的工作积极性和热情，增强幼儿教师职业的吸引力，园长们要重视选拔与聘用工作。园长选拔与聘用教师是在遵循幼儿教育的基本规律和幼儿教师工作特殊性的基础上发展起来的，是结合各园实际情况制订的，是在幼儿园外部实行教师选拔和在幼儿园内部实行全员聘用的一种管理机制。

二、选拔与聘用教师的重要性

近年来，世界各国将教育置于战略发展的高度。教育的质量取决于教师的质量，那么，世界各国对教育质量的关注，必然引发对教师质量的关注。教师质量的关键是什么？职前教师的综合素质，对其成为教师之后的工作质量，有着重要的作用。因此，我们重视教师队伍的质量，必然要重视对职前优秀教师的选拔与聘用。选拔综合素质、专业化水平高的优秀教师，是教师队伍整体水平提升的一个源头所在。

（一）选拔与聘用教师影响未来师资队伍水平

1983 年，美国国家卓越教育委员会在《国家处于危机之中：教育改革势在必行》报告中建议，为了提高未来教师的学术水平，四年制学院和大学应该提高教师教育计划入学标准，特别是提高必修课程和基础课程的成绩要求，这在美国教育史上是一个里程碑式的报告，“提高教师学术水平”的呼吁为 20 世纪 80 年代中期美国的教师教育改革浪潮奠定了基调。1996 年，全国教学和美国未来委员会在报告《什么是最重要的：为美国的未来而教》中指出，“培养有爱心、有能力的合格教师是教育改革之关键”，学校招聘的教师应是“高素质的、有能力的专业人员”。为培养合格教师，教师教育机构必须选拔那些在培养中有潜力、有资质成为合格教师的候选人。2000年，美国教师联盟(American Federation of Teachers，AFT)建议，为提高教师培养的质量，教师教育机构应该设置较高的进入标准，严格准入考试或考核，强化实践环节，申请者应该学习教学法课程和艺术类核心课程，具有教育教学临床经验等。①

(二)选拔与聘用教师影响学校教育质量

玛利亚·卡梅伦(Marie Cameron)在新西兰教师价值取向的研究中发现，真正的教师都是从他参加培训时对教育的态度开始的，以往新西兰对职前教师的选拔因忽视申请人员的信仰与态度，以致职前教师在培训中对培训项目，特别是数学与科学持消极态度，没能认真接受培训，走上工作岗位后导致教学质量的下降……

新西兰的一项研究表明，1998年以前，由于职前教师选拔标准混乱，导致师资水平不高，造成幼儿教育质量平平，不少家长拒绝将孩子送进幼儿园，以致新西兰幼儿入园率低于世界其他发达国家。此后，新西兰开始了职前教师教育计划(ITE)，完善了新西兰职前教师教育体系，而且结合实际为职前教师的选拔从学术入学准则、学科知识、读写及算术能力、个人和专业素质、信仰与态度等方面规定了统一且灵活的标准。② 这几个方面的选拔标准为我国当前职前教师的选拔与培养提供了有益的参考。而且，通过上述标准严格选拔职前教师后，师资水平有所提高，幼儿教育质量亦因此提高，幼儿入园率呈上升趋势。所以说，重视对幼儿教师的选拔，对于幼儿园教师队伍专业化的发展有着关键的作用。

三、选拔与聘用教师的意义

园长选拔与聘用教师的主要意义表现在对幼儿园教师队伍整体发展、对幼儿园可持续发展以及对学前教育事业的发展三方面。

(一)选拔与聘用教师对幼儿园教师队伍整体发展的意义

如果把幼儿园教师队伍的整体发展比作一棵大树，那么，园长对教师的选拔与聘用就是大树的根；如果把幼儿园教师队伍的整体发展比作一条涓涓溪流，那

① 曾琳．美国职前教师培养：入学选拔的视角[J]．外国中小学教育，2013(10)：44～49.

② 曾柏森，孟艳．新西兰职前教师选拔标准及其启示：基于ITE计划的分析视角[J]．外国教育研究，2012(5)：19～28.

么，园长对教师的选拔与聘用就是溪流的源头。大树的根决定着大树生长的走向，根基好，则枝叶茂盛；源头的溪水决定着小河的水质与走向，源头清澈、丰盈，则河水鱼虾盛产、川流不息。园长在选拔与聘用教师的过程中有明确、清晰、长远的思考，直接决定着教师队伍整体的发展，决定着教师专业化发展的整体水平。

 **资料链接**

一个有远见的校长，会重视对教师的选拔与聘用

一是能识才。要注意到有才的人往往不愿投其所好，使人看起来似乎不顺眼，总爱提不同意见，校长要善于发现他们，给予重任，并不求全责备，充分发挥他们的长处。

二是能尽才。英雄无用武之地的人多是一种更大的浪费。因此，校长要充分发挥已有的教师才干，注重任用有专长而未发挥其才干的人，做到人尽其才。

三是能育才。教师是超前性极强的职业，不断学习、充实和提高自己是教师的职业需要，这是与实现长远目标相适应的。因此，校长对教师不能只顾使用，不管提高。要制订教师继续教育规划，采用在职学习、业余进修、短训、自学多种形式来提高师资水平，保证师资水平适应(或高于)教学需要。同时，应重视新老教师交替的衔接工作，形成年龄结构、学科结构、性别结构合理的教师队伍，这样才能保证教育周期的连续性。

四是能荐才。校长不要怕教师超过自己，能培养出超过自己的教师，是校长更大的成功。学校是人才集中的地方，也是能够出优秀人才的地方。校长应有宽广的视野，为人才铺就发展的道路，积极向高一级学校、向上级部门推荐人才，使他们能够更好、更快的发展。这样，更能体现校长的品位和能力。

园长不仅要爱才、惜才，更要像上述案例中讲到的“识才”“尽才”“育才”“荐才”，这是园长成就教师专业化发展的必经之路，不仅体现了园长的胸怀，更体现出园长的顶层设计与系统思考。因此，园长要高度重视选拔与聘用教师。

(二)选拔与聘用教师对幼儿园可持续发展的意义

一所幼儿园的可持续发展需要每位教师的推动与支持，一所幼儿园的活力最终是通过每位教师的活力体现的，一所幼儿园的文化体现在每位教师日常工作的细节当中。

在选拔与聘用教师时，幼儿园呈现的“第一印象”，对教师与幼儿园两者的发

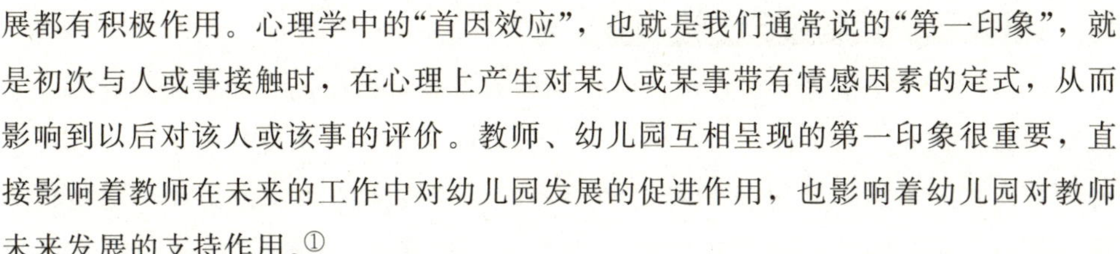

展都有积极作用。心理学中的“首因效应”，也就是我们通常说的“第一印象”，就是初次与人或事接触时，在心理上产生对某人或某事带有情感因素的定式，从而影响到以后对该人或该事的评价。教师、幼儿园互相呈现的第一印象很重要，直接影响着教师在未来的工作中对幼儿园发展的促进作用，也影响着幼儿园对教师未来发展的支持作用。①

园长必须把队伍建设放在核心位置，重视对教师的选拔与聘用。在选拔与聘用教师的过程中，就要以办园理念为引领，进行文化建设，形成价值认同，支持教师对幼儿园的可持续发展做出提前思考。一个整体效能发挥良好的幼儿园，它的内部是一个以人为核心的管理系统，每个层级都发挥着不同的作用，共同支持幼儿园的运转与发展。

（三）选拔与聘用教师对学前教育事业发展的意义

近年来，国家陆续出台了《幼儿园教师专业标准（试行）》《国务院关于加强教师队伍建设的意见》《关于加强幼儿园教师队伍建设的意见》《幼儿园教职工配备标准（暂行）》《幼儿园工作规程（修订）》《幼儿园园长专业标准》等，对教师队伍的数量、结构、资质、配置提出了明确具体的要求。学前教育的发展离不开教师队伍的发展，普遍提高教师的专业化水平是今后教师队伍建设的重点任务。园长对幼儿园教师的选拔与聘用，如果能够为学前教育教师队伍的整体水平打下基础，选拔出师德高尚的教师，那么学前教育教师队伍中就会多一份正能量；如果能选拔出专业知识扎实的教师，那么学前教育教师专业化水平就会加分；如果能选拔出专业能力有发展空间的教师，那么学前教育的质量就会多一份保障。因此，园长选拔聘用教师对学前教育事业的发展有着重要的推动作用。

第二节　选拔与聘用教师的实施原则

园长在选拔与聘用教师的过程中，既要有高站位的理念引领，又要在实践中坚守一定的实施原则，这些原则是园长进行整体思考时需要考虑的，也是在具体实施时必须坚持的，体现的是园长在教师队伍培养中的理念与思考，同时也传递着幼儿园的一种文化氛围。

---

① 刘占兰．提高幼儿园教育质量的有效策略[M]．北京：北京师范大学出版社，2013.

一、理念层面：以德为先

随着社会对学前教育事业的关注，学前教育教师队伍的专业素质也在接受着大众的监督，而大众关注的首要问题就是教师的师德，且不说社会上关于幼儿教师师德问题的负面报道对我们提出的警示，单就教师的职业道德和历史责任来讲，德，历来是园长们在选拔教师过程中特别注意的一个方面，这是考察教师“愿不愿”的问题。

（一）师德为先

1. 思想道德/品德

从历史角度来看，“有德之人流芳百年，无德之人平平庸庸，失德之人遗臭万年”，具体到幼儿教师行业，一位教师是否具备高尚的思想道德，直接影响其所在班级幼儿的发展，影响其所在幼儿园的发展，并且影响着家长和社会对幼儿教师的看法。因此，园长在选拔教师的过程中，要重视品德测试，通过具有目的性的面试问题、情景讨论、实习观察等，全面考察一个人的思想品德。

2. 社会责任感

园长在选拔教师的过程中要认识到，一名幼儿教师，纵然有高尚的品德、丰富的专业知识，也不一定能成为一名优秀的幼儿教师，因为还有一项重要的指标或原则就是一个人的社会责任感。责任感强的人，对工作的态度是积极的，传递的是正能量，面临困难时积极寻找解决问题的方法，不屈不挠，不怨天尤人，这样的人在一个团队中犹如星星之火，可以让团队永葆活力，形成积极、乐观、坚韧的团队文化。

（二）理念认同

在选拔与聘用教师的过程中，要把握好人才“总开关”：选拔具有共同世界观的人才，选拔具有正确人生观的人才，选拔具有合理价值观的人才。具体到幼儿教师的选拔方面，园长要坚持以德为先，涵养情怀，选拔具有高尚师德的，具有仁爱之心的教师；选拔具有教育情怀、爱孩子、爱事业、对学前教育事业发展充满期待与工作热情的教师。在选拔教师人才的时候，对于那些品德优良、有耐心、不焦不躁、踏实稳重的人应该优先进行聘用。

二、专业层面：结构合理

（一）具有一定的专业知识

这是考察一个教师“会不会”的问题。关于幼儿园教师所具备的专业知识，我们可以参考《幼儿园教师专业标准(试行)》，其中提到幼儿教师需要具备幼儿发展知识、幼儿保育和教育知识、通识性知识，每个方面具体包括的专业知识见表 1-1。

表 1-1　《幼儿园教师专业标准(试行)》规定教师所需具备的专业知识

专业知识	幼儿发展知识	1. 了解关于幼儿生存、发展和保护的有关法律法规及政策规定 2. 掌握不同年龄幼儿身心发展特点、规律和促进幼儿全面发展的策略与方法 3. 了解幼儿在发展水平、速度与优势领域等方面的个体差异，掌握对应的策略与方法 4. 了解幼儿发展中容易出现的问题与适宜的对策 5. 了解有特殊需要的幼儿的身心发展特点及教育策略与方法
	幼儿保育和教育知识	1. 熟悉幼儿园教育的目标、任务、内容、要求和基本原则 2. 掌握幼儿园环境创设、一日生活安排、游戏与教育活动、保育和班级管理的知识与方法 3. 熟知幼儿园的安全应急预案，掌握意外事故和危险情况下幼儿安全防护与救助的基本方法 4. 掌握观察、谈话、记录等了解幼儿的基本方法 5. 了解 0～3 岁婴幼儿保教和幼小衔接的有关知识与基本方法
	通识性知识	1. 具有一定的自然科学和人文社会科学知识 2. 了解中国教育基本情况 3. 掌握幼儿园各领域教育的特点与基本知识 4. 具有相应的艺术欣赏与表现知识 5. 具有一定的现代信息技术知识

教师作为一名专业人员，必须具备从事专业工作所要求的基本知识，同时，园长还要关注到一个人专业知识对其职后工作的重要性，并结合幼儿园工作的实际情况，帮助并支持教师逐渐丰富专业知识。

(二)具有适宜的专业能力

这是考察一个教师“能不能”的问题。专业的教师必须具备从事教育教学工作的基本技能，《幼儿园教师专业标准(试行)》中提到，幼儿教师需要具备环境的创设与利用、一日生活的组织与保育、游戏活动的支持与引导、教育活动的计划与实施、激励与评价、沟通与合作、反思与发展七个方面的专业能力，每个专业能力包括的具体能力见表 1-2。

表 1-2 《幼儿园教师专业标准(试行)》规定教师所需具备的专业能力

专业能力	环境的创设与利用	1. 建立良好的师幼关系，帮助幼儿建立良好的同伴关系，让幼儿感到温暖和愉悦 2. 建立班级秩序与规则，营造良好的班级氛围，让幼儿感到安全、舒适 3. 创设有助于促进幼儿成长、学习、游戏的教育环境 4. 合理利用资源，为幼儿提供和制作适合的教具和学习材料，引发和支持幼儿的主动活动
	一日生活的组织与保育	1. 合理安排和组织一日生活的各个环节，将教育灵活地渗透到一日生活中 2. 科学照料幼儿日常生活，指导和协助保育员做好班级常规保育和卫生工作 3. 充分利用各种教育契机，对幼儿进行随机教育 4. 有效保护幼儿，及时处理幼儿的常见事故，危险情况优先救护幼儿
	游戏活动的支持与引导	1. 提供符合幼儿兴趣需要、年龄特点和发展目标的游戏条件 2. 充分利用与合理设计游戏活动空间，提供丰富、适宜的游戏材料，支持、引发和促进幼儿的游戏 3. 鼓励幼儿自主选择游戏内容、伙伴和材料，支持幼儿主动地、创造性地开展游戏，充分体验游戏的快乐和满足 4. 引导幼儿在游戏活动中获得身体、认知、语言和社会性等多方面的发展
	教育活动的计划与实施	1. 制订阶段性的教育活动计划和具体活动方案 2. 在教育活动中观察幼儿，根据幼儿的表现和需要，调整活动，给予适宜的指导 3. 在教育活动的设计和实施中体现趣味性、综合性和生活化，灵活运用各种组织形式和适宜的教育方式 4. 提供更多的操作探索、交流合作、表达表现的机会，支持和促进幼儿主动学习
	激励与评价	1. 关注幼儿日常表现，及时发现和赏识每个幼儿的点滴进步，注重激发和保护幼儿的积极性、自信心 2. 有效运用观察、谈话、家园联系、作品分析等多种方法，客观地、全面地了解和评价幼儿 3. 有效运用评价结果，指导下一步教育活动的开展
	沟通与合作	1. 使用符合幼儿年龄特点的语言进行保教工作 2. 善于倾听，和蔼可亲，与幼儿进行有效沟通 3. 与同事合作交流，分享经验和资源，共同发展 4. 与家长进行有效沟通合作，共同促进幼儿发展 5. 协助幼儿园与社区建立合作互助的良好关系

续表

专业能力	反思与发展	1. 主动收集分析相关信息，不断进行反思，改进保教工作 2. 针对保教工作中的现实需要与问题，进行探索和研究 3. 制订专业发展规划，不断提高自身专业素质

(三)具有一定的学习能力

这是考察一个教师“学不学”的问题。园长要考察教师的学习能力，也就是考察其在工作之后的可塑性和上升空间。一个具有很强学习能力的教师，经过幼儿园的培养，能够较快地适应并胜任幼儿教师工作，并且能够与时俱进地接收最新的教育思想和理念，学习最新、最适宜的教学方法，积累适合自己发展且适合幼儿发展的实践智慧。因此，园长要优先选择具有较强学习能力的教师。

三、方法层面：秉持原则

(一)公平公正的原则

在选拔与聘用教师的时候，园长一定要秉持公平公正的原则，在用人方面，透明、公开、平等，选拔最适宜在本园工作的教师。园长要通过多种途径选拔新入职教师或有工作经验的教师。

公平公正是管理者在选拔聘用教师的过程中最重要的原则之一，是基本前提，只有保证公平、公正，才能有条不紊地做好后续的工作。

(二)择优聘用的原则

园长坚持择优录取，一方面要注重能力，另一方面要坚持以德为先，重点考察应聘人员的思想道德品质，选择与本园价值观、发展观相一致的教师，重点选拔德才兼备的人员。

四、全局层面：可持续发展

园长要着眼幼儿园的可持续发展，整体规划，提前谋划，看到教师的发展潜质，为幼儿园未来的发展储备人才，以适应社会发展的需要。

园长要充分把握选拔与聘用教师的基本原则，坚持公平公正，坚持择优聘用，坚持可持续发展，选拔具有思考精神、批判精神、思想独立、有自己的个性的人才；选拔具有团队合作精神、能够与人友好相处的人才；选拔具有扎实学前教育专业知识、受过专业培养、具有一定专业素养的人才；选拔具有勤勉、严谨、认真的专业态度的人才。

第三节　选拔与聘用教师的实施途径与方法

园长不仅要充分认识选拔与聘用教师的重要性，要把握选拔与聘用教师的重要原则，更要增强这方面的实践能力，在实践中不断摸索，丰富实践经验，提炼工作方法，提高工作效率，把好教师的“入口关”，为幼儿园教师队伍的可持续发展走好第一步。在实际工作中，园长不仅要做好选拔与聘用幼儿教师的工作，还要做好选拔与任用幼儿园管理干部的工作，这对于完善两支队伍建设、推动幼儿园工作发展起到积极的作用。

一、完善选拔与聘用教师的程序与方法

(一)教师入职之前的选拔与聘用

1. 已有研究

关于教师入职之前的选拔，国内外在理论和实践层面都有一定的研究。例如，英国对于教师选拔的考核程序非常严格但又富有弹性。以英国华威大学为例，英国华威大学选拔合格的教师要经过三道程序：入学笔试、见习学校评价反馈、面试。

赵静在《幼儿教师准入制实施的现状研究》中谈道：“通过研究显示，不管公立幼儿园还是私立幼儿园，在教师聘用环节都有自己的准入标准、严格的准入程序和适合本园发展的幼儿教师准入条件。但从总体上来说，幼儿园教师招聘都关注幼儿教师的性别、年龄、工作经验、亲和力、学历等方面的内容。”

无论是理论层面还是实践层面，我们不难看出，人们对于教师入职之前的选拔有一定的程序、标准与侧重点。

2. 影响因素

不同的幼儿园在选拔与聘用教师的过程中，受到不同因素的影响，园长们要结合自己园所的特点与需求，考虑这些因素：一是幼儿园自身的原因，幼儿园自身的因素是造成幼儿教师准入运行机制出现差异的主要原因；二是幼儿教师求职者的求职意向所趋；三是政府政策的制定环节导致幼儿园教师环节中应聘者的良莠不齐。

3. 聘用步骤

在教师入职之前，园长在选拔幼儿教师的过程中，需要从以下几方面入手。

第一，与时俱进，及时更新观念，明确社会对教育的需求，并在选拔与聘用中以此作为指导思想并落实。

第二，根据学前教育发展需求，参与各高校、学前院校招聘会，从中选优，安排实习。

第三，根据实习情况，对所有实习人员进行综合考核。

第四，遵循双向选择的原则，确定幼儿园面试人选。各部门负责人根据本部门的岗位聘用教师，教师根据自己的意愿选择自己的岗位。

第五，成立幼儿园选拔与聘用教师工作小组。

第六，所有小组成员熟悉各项法律法规，在聘用过程中灵活运用。

第七，统计分析招聘小组成员意见，确定选拔聘用人选。

第八，上报教委，聘用双方在平等基础上签订的聘用合同具有法律效力。

4. 注意事项

在完成以上步骤工作的同时，园长还需要特别注意以下几点。

第一，园长要关注教师所实习的幼儿园的评价。在其实习结束时，要对教师有一定的评价反馈，要评价实习人员对教师的工作性质或工作内容是否感兴趣，以及对将来要从事的教师工作是否有激情。这样评价的主要目的一方面是鉴定实习人员是否对教师的工作有具体的了解和认识，另一方面就是考察实习人员是否真正热爱教师这个职业，是否热爱孩子，这是园长需要把握的重点。

第二，园长要关注教师对面试问题的回答。园长面试的问题要精挑细选，能够通过应聘教师的回答、表现，得出一定的答案，达到判断教师某些方面知识与能力的目的。例如，通过问“为什么选择来这里工作”，了解教师的入职动机、对学前教育的认知、对本幼儿园的认知等。

第三，园长需要借助一定的工具，有针对性地了解教师。俗话说“选对人，才能做对事”，园长在选拔教师的过程中，需要借助一定的工具，如教师问卷调查表、人格测试表、教师技能测试表等，见表 1-3。

表 1-3 教师技能测试表

姓名：________ 观察者：________ 方案：________ 日期：________

1. 安全

提高每个学习中心的玩具和材料的安全性________________

计划并实施突发事件下必要的紧急措施________________

通过教师的行为营造安全的教室环境________________

续表 1

2. 健康

鼓励幼儿养成常见的健康和饮食营养习惯＿＿＿＿＿＿＿＿

改善并运用材料确保幼儿的健康和整洁＿＿＿＿＿＿＿＿

识别生病幼儿的不适行为和症状并为他们提供帮助＿＿＿＿＿＿＿＿

3. 学习环境

在合适的空间建立富有刺激性的学习中心＿＿＿＿＿＿＿＿

为幼儿在游戏和学习中的自我指导提供合适的材料＿＿＿＿＿＿＿＿

为幼儿提供一个能够在一起愉快学习和游戏的高活动、低压力的环境＿＿＿＿＿＿＿＿

4. 身体

评估幼儿的大肌肉运动技能并提供合适的器械和活动＿＿＿＿＿＿＿＿

评估幼儿的小肌肉运动技能并提供合适的材料和活动＿＿＿＿＿＿＿＿

为幼儿提供机会进行创造性的活动＿＿＿＿＿＿＿＿

5. 认知

帮助幼儿通过感官探索增强对周围世界的好奇心＿＿＿＿＿＿＿＿

帮助幼儿通过分类、比较和计算建立对世界的基本概念＿＿＿＿＿＿＿＿

帮助幼儿通过高级思维和问题解决将基本概念运用到实践中＿＿＿＿＿＿＿＿

6. 交流

和个别幼儿交谈，鼓励他们的听和说＿＿＿＿＿＿＿＿

利用图书和故事激发幼儿的听、说和生成阅读＿＿＿＿＿＿＿＿

提供活动和材料支持幼儿的生成书写＿＿＿＿＿＿＿＿

7. 创造性

给予幼儿时间、机会和自由进行假装和想象的角色扮演游戏＿＿＿＿＿＿＿＿

提供各种美术材料和活动供幼儿自己探索＿＿＿＿＿＿＿＿

鼓励幼儿在音乐中创造并获得乐器＿＿＿＿＿＿＿＿

8. 自我

自我接纳，让每个幼儿都认为自己是有价值的，使用非言语暗示让幼儿知道自己是被接纳的＿＿＿＿＿＿＿＿

接受并尊重每个幼儿的差异性并帮助幼儿彼此尊重＿＿＿＿＿＿＿＿

帮助每个幼儿发展独立性并获得在班级里的成功感＿＿＿＿＿＿＿＿

9. 社会

帮助幼儿通过分享在活动和游戏中学会与他人合作＿＿＿＿＿＿＿＿

帮助幼儿学会不扰乱别人而顺利加入他人正在进行的游戏中＿＿＿＿＿＿＿＿

帮助幼儿学会交朋友＿＿＿＿＿＿＿＿

10. 指导

运用积极的预防措施帮助幼儿消除在班级里出现的不适宜行为＿＿＿＿＿＿＿＿

运用积极的干预措施帮助幼儿控制不适宜的行为＿＿＿＿＿＿＿＿

运用积极的强化手段帮助幼儿习得适宜的行为＿＿＿＿＿＿＿＿

续表 2

11. 家庭 让家庭参与到幼儿所在的早期教育机构中来____________ 了解并支持不同的家庭构成____________ 通过家长会建立教师与家长的良好关系____________ 12. 机构管理 观察、记录并解释幼儿的需要____________ 计划并实施一个建立在幼儿需要基础上的生成课程____________ 评估成果和后续安排____________ 13. 职业化 献身于早期教育事业____________ 对待幼儿、家庭和同事的行为符合伦理道德____________ 利用各种机会促进专业成长____________

(二)教师入职之后的选拔与聘用

1. 已有研究

关于教师入职之后的选拔与聘用，不同的国家有着不同的研究。例如，美国的政府机构是聘用幼儿教师的主体，解聘幼儿教师必须取得政府机构的认可。其聘用流程是，当幼儿教师岗位空缺后，教育行政部门依照幼儿园上报的空缺岗位信息，仿照公务员的录用流程，向社会进行公开招聘。通过审核申请人资料和严格的面试，对应聘者的综合素质进行考核。考核合格后由面试委员会向教育行政部门进行举荐，由地方教育行政部门和幼儿园共同确定招聘人员，进行签订招聘合同等相关事宜。

在幼儿教师入职之后，园长需要把握的是：①幼儿园和幼儿教师是平等的法律主体，在权利、义务上是对等的，不存在单方面意志强加于对方的行为；②幼儿园和幼儿教师签订聘用书面合同的形式，明确双方的权利、义务、责任关系。

2. 聘用步骤

第一，形成动态评价机制。

第二，成立考核小组。

第三，学期末召开考核聘用大会。

第四，在选拔与招聘过程中有目的地打造队伍。

案例 改革考核评价体系，提升考核工作质量

某幼儿园在原有的岗位教职工考核标准基础上，广泛征集教职工的意见，细化考核评价标准。一方面，教职工自下而上地确定本岗工作的具体标准；另一方面，各部门主任学习相关考核知识，参照《北京市幼儿园全面实施素质教育评价指标体系》，分解各岗位考核的结构和标准。考核管理人员综合多方面意见，使考核更加具体化、可操作、可评价。

一、由“粗结构”考核转向“细标准”考核

改革之前的考核标准主要分为职业道德、劳动纪律、岗位职责、业务工作、安全职责五个维度，每个维度的评价分为A、B、C三个等级。而现行的考核标准分为两大项目、六大指标和35条细化标准，“岗位职责”共5条标准，每条2分；“日常工作”共30条标准，每条3分，总分为100分。每一条考核标准都是对岗位职责的精细化说明，与日常工作质量紧密结合，教师根据考核标准先对自己的工作进行自我考核，查漏补缺，再由部门主任进行二次考核。细化考核标准能够支持各岗教职工进行针对性的自我检测，也有利于各部门主任对所管辖部门进行细致的考核。

二、由等级考核转向综合考核

幼儿园之前的考核表主要以等级考核为主，改革后的考核表，以分数考核和等级考核为主，考核满分为100分，总评90分以上为A等，80～89分为B等，80分以下为C等，分数考核与等级考核的结合，使得考核的维度趋于综合化。同时，综合考核的模式，也是促进教职工专业化发展的有力推手，各岗教职工在对自己的工作进行量化考核的基础上，能够及时发现工作中的优势或不足，而且能够具体到哪一点做得好，可以坚持，哪一点做得不到位，需要改进，这对于提高各岗工作质量以及幼儿园整体工作质量是很有益的。

（本案例由北京市北海幼儿园提供）

园长要重视教师入职之后的考核，对教师的考核不是一成不变的，可以如上述案例一样，结合实际情况进行调整，使考核成为调动教师积极性的抓手，使考核成为检验教师专业化水平的加油站，考核要更加注重过程、注重日常，引领教师更加关注日常、关注细节、关注质量。

3. 注意事项

园长在选拔与聘用教师的过程中，还要开阔思路，整体思考与设计幼儿园的未来发展以及幼儿教师队伍的未来发展，同时还要注意以下几点。

(1)园长要保持开放的心态

选拔的教师从年龄、性别、性格、特长等方面的特点要均衡，不要禁锢在一定的“套路”当中，要根据教师队伍未来发展的需要，本着开放、多元的原则，选拔具有不同特点且理念认同的教师。

(2)与高校合作培养、选拔

很多高校都将对学前教育专业学生的培养增加社会实践部分，与幼儿园进行合作培养。这样一来，幼儿园在选拔教师方面，就掌握了一定的主动权，能够提前了解教师的专业特点，选择更有针对性。

(3)园长要关注园所的可持续发展和人的可持续发展

园长在选拔与聘用教师的工作中，必然要站在以人为本的高度去统筹思考问题，要关注人的发展，并且站在园所可持续发展的高度思考两者的共同发展，处理好两者的关系，进而在成就教师的同时，促进幼儿园的发展。

(4)园长要关注教师成长的关键期

教师是教育改革中一个关键的因素，教师队伍的质量高低对教育改革的成败有着举足轻重的影响。新入职的教师是幼儿园的新生力量，在师资队伍中属于可持续发展的后备力量，处于教师梯队建设的关键阶层。

(5)园长要关注教师队伍中的特殊群体

在幼儿教师队伍中，有一部分所谓的“特殊群体”，或者是“小众群体”，如男教师群体、转岗教师群体、非专业教师群体等，他们与学前教育专业毕业的幼儿教师共同组成了幼儿园教师的队伍，园长在对特殊群体的选拔中，也要有一定的研究与思考。

资料链接

科学看待非专业教师①

在幼儿园实践中，幼儿教师队伍中有一部分是非专业教师或者中小学转岗教师，园长对这一部分教师的选拔、聘用，影响其进入幼儿园实践工作中的状态与

① 周金玉．非专业职初教师“协作对话式”培训的实践与思考[J]．学前教育，2010(10)：5～7.

工作质量。

根据叶澜关于教师知识结构的分析法，上海市宝山区2006—2008年，非专业入职初期的教师知识结构有以下特点：普通文化知识、专业学科知识、一般教学法知识、学科教学法知识、个人实践知识依次由下而上呈三角形状态分布，普通文化知识位于底部，拥有量最多；专业学科知识、一般教学法知识、学科教学法知识处于中部，明显匮乏；而个人实践知识拥有量极少或没有……

可以看出，由于非专业教师没有经过系统的学前教育专业培训，仅在获取教师资格证时，参加了短期的学习，明显缺乏从事学前教育工作的专业知识与能力。因为缺乏对学前儿童的年龄特点、教育规律、学科教学知识等的系统学习，这些教师在日常教学能力中表现出无法准确把握“适合不同年龄特点儿童的教学内容、教学目标”的问题……此类现象尽管因人而异，但普遍存在于非专业入职初期的教师身上。

园长在选拔教师的过程中，一定会遇到“非学前教育专业”的应聘教师，这在学前教育飞速发展的大背景下，是比较常见的。越来越多的人愿意从事学前教育工作，因此，园长对这部分人的选拔要有一定的思路，他们在专业知识、专业能力上有什么优势与不足，在入职之后要通过哪些方法对他们进行培养，都是需要园长进行系统思考与设计的。

二、对幼儿园管理干部的选拔与任用

选人、用人，是园长作为幼儿园领导者的主要工作任务，尤其是对幼儿园管理干部的选拔、任用与培养。园长要充分了解每一位管理干部的性格特点、专业特长、工作风格等，使每个人能够各安其位，也就是让教学干部能够思维活跃、执行力强地做好教育教学的管理，让教研干部能够潜心专心、踏实认真地做好教研管理，让后勤干部能够全面周到、雷厉风行地做好幼儿园后勤保障工作……

(一)园长选拔幼儿园管理干部的关键点

1. 坚持正确的选人用人导向

在选拔和任用干部的过程中，园长要不断提高选人用人公信度，严把“选拔关”和“任用关”，提高干部队伍的水平。

(1)以德为先，坚持正确的选拔理念

坚持以德为先和德才兼备，坚持正确的用人导向，选拔政治觉悟高、思想认识高、师德水平高、群众认可度高的人才，使干部能够在各项工作中起到积极的

引领作用，以此来建设干部团队的思想堡垒。

(2)以绩为本，坚持以工作成绩选人

园长要注重对干部德、能、勤、绩、廉等多方面的考察，坚持选拔在实践中素质过硬、业务突出的优秀人才，使干部能够起到专业引领作用，以便更好地指导幼儿园日常工作。

(3)公开公正，坚持严格的选拔程序

在选拔新干部过程中，园长要严格遵守民主程序，始终坚持群众监督。在日常工作中，园长要广听群众心声，不断接受广大群众的监督，不断改进工作作风，提高行政班子的管理能力，得到广大群众的认可。

2. 坚持公开选拔干部制度

在选拔干部的过程中，我们坚持公开公正的基本原则，严格按照“推荐提名—组织考察—讨论决定”的程序开展工作，坚持“自下而上的推选”和“自上而下的考察”相结合，保证教师的知情权、参与权、选择权和监督权，全方位选拔优秀人才作为管理干部。

知情权：幼儿园公开空缺干部岗位、岗位职责、用人标准，鼓励教师参与竞聘。

参与权：召开全园竞聘大会进行公开竞聘，竞聘人就自己所竞聘的岗位发表竞聘演说。

选择权：在全园竞聘大会上，全体教师进行投票。

监督权：全体教师对选拔干部的过程和干部任用情况进行全程监督。

(二)园长任用管理干部的关键点

1. 坚持对干部个性化的任用

园长对干部的任用要本着“以人为本”的思想，对每个干部实行个性化指导，让每一位管理干部都能人尽其才，使中层干部真正发挥支持与保障作用。正如管理大师杜拉克所说的：“管理者的任务在于运用每一个人的才干，以一当十，以十当百，发生相乘效果。”

案例　对干部进行个性化的任用

对新手干部要“帮”。新手干部面临的最大问题就是从教师到干部的角色转换问题。他们刚从教师的岗位上转来，对如何发挥好干部的作用，从认识到做法上还比较朦胧，需要及时给予支持和帮助，引领他们不断调整自己，找准自己的定位，逐渐学会用干部的思维思考教师需要的是什么，用什么样的方式指导教师是最有效的，以教师为本开展工作。

对经验型干部要“促”。经验型干部的特点是担任干部的时间相对较长，对自己负责的工作很熟悉，形成了一套自己的工作模式，能较好地应对工作中的常见问题。对于这类干部，需要给他们一定的挑战，促使他们进行思考，实现自我超越。

对成熟型干部要“用”。成熟型干部经过多年的管理实践，具有自己的管理风格和管理特长，对这样的干部一定要发挥他们的特长，为他们提供用武之地，使他们充分体验自身价值，并在实践中引导他们不断进行反思，发现自己的不足，进而为自己提出新的发展目标。

（本案例由北京市北海幼儿园提供）

正如上述案例所说，对不同发展阶段的干部的选拔与聘用要有不同的方法，要遵循个性化、自主化的原则，让不同特点的干部在选拔中能够脱颖而出，让不同经验水平的干部在聘用过程中能够人尽其才，最大限度地发挥自己的作用，实现自己的价值，成就自己的专业发展。

2. 坚持对干部的理念引领

园长对管理的支持，最关键的是理念上的引领，使管理干部能够明确自身的工作目标、工作任务、工作重点、工作方法等。园长在工作中要尊重管理干部，做到职责分明，权限分清，“职、权、责、利”相统一，保障中层干部能够最大限度地发挥自身的才能。

资料链接

管理者与领导者①

领导者的任务是解决单位或组织中带有方向性的、战略性的、全局性的问题，管理者的职责是解决效率与效益的问题。管理者是在组织或团队中具有权力、地位(职位)和相当影响力的人物，而管理者除基层领导人外，还包括从事管理工作职能的人员。领导者在组织中往往具有法定的领导地位和影响力，而管理

① 马行提．园长为什么这么累[J]．学前教育，2010(4)：52～53.

者可能具有一定的领导地位，也可能不具有，只是在组织机构各职能部门中从事各种管理工作而已。管理者与领导者工作内容的比较见表 1-4。

表 1-4　管理者与领导者工作内容比较

管理者	领导者
计划：确立目标，预见问题，分析问题，做出决策，形成政策 组织：确定要进行什么活动以达成目标，确定工作类别，指派任务，指定负责人(即决定何人做何事) 协调：激励员工为实现组织目标而做出个人和团队的贡献 控制：根据计划检查工作表现，最大限度地发挥员工的潜能，以实现共同的目标，如可以借助他人的帮助完成工作	给出方向：指出前进的道路，指明发展方向，确定新的目标、服务和结构 鼓舞士气：通过思想观念激励和鼓舞员工 建立团队：将团队视为最有效的管理形式，把时间花在建立和鼓励合作上 树立榜样：为员工示范领导者做什么以及如何做 获得认可：行为方式能使同事们对其领导地位产生认可

园长要引领管理干部明确自己的站位，摆正自己的位置，知晓自己的职责，进而发挥自己的作用，做自己该做的事情。只有不断明确自己的定位、目标，才能支持干部自主寻找并积极探索多样的工作方法，激发干部工作的积极性，调动他们的工作潜能，进而发挥管理干部的作用。

3. 坚持干部考核制度

园长要坚持严格的干部考核制度，坚持个人自评、述职述廉、民主测评、个别谈话、年度考核，全面考核干部任用期间的情况，考察干部的工作，从干部履行岗位职责、关键时刻表现、完成重点难点任务等方面进行综合考核。

园长要注重细化并完善干部考核标准，每一条考核标准都是对岗位职责的精细化说明，与日常工作质量紧密结合，有利于提高干部工作的积极性。

第四节　案例解析

一、关于面试

案例一　面试题背后的意义——斟酌面试流程及要求

在招聘教师的过程中，要说明招聘的详细流程与问题，测试教师的价值观、事业观、儿童观，以详细的、具有指向性的问题，了解应聘教师的基本想法与价值判断，以便幼儿园做出选择。

幼儿园面试流程及要求(见表 1-5)：

1. 个人介绍。

2. 为什么想要来某某幼儿园？

3. 你的目标是什么？

4. 对学前教育的认识，最核心的认识是什么？

5. 某某幼儿园最吸引你的是什么？

6. 你认为你自己最大的优势或特点是什么？

表 1-5　面试主要环节及内容

环节	内容及要求	关注点	备注
第一环节：自我介绍 1 分钟/人	·用 1 分钟的时间做一下自我介绍 1. 必要的个人信息 2. 简洁、清晰 3. 富有特色	1. 应聘者的概括、表达能力——能否在短时间内概括而有重点地介绍自己 2. 应聘者的创造力和思维的独特性——采用了什么方式，是否有新意	
第二环节：答辩 1 分钟/人/题(每人抽取一道题回答)	·你为什么来某某幼儿园？希望在这里得到怎样的发展？	1. 应聘的出发点和应变能力 2. 个人发展规划——目标	
	·依据对自己的综合评价，你认为自己最突出的特点是什么？如果被录用，凭借这一点你准备如何使自己得到更好的发展？	1. 对自我价值的认识 2. 个人发展规划——具体的想法	
	·对《幼儿园教育指导纲要(试行)》和《快乐发展课程》有哪些了解？(不知道的，请回答“如何做一名称职的幼儿教师”)	对正确的、先进的观念的理解和把握	
第三环节：试讲评析 8 分钟	请推选一人展示所准备活动的最主要的部分(其他人当小朋友)	1. 是否敢于大胆表现 2. 考察对《幼儿园教育指导纲要(试行)》的运用	
	对活动进行自评	自我分析、反思能力	
	其他人对活动进行评论	对他人的评价以及所反映出来的观念	

续表

环节	内容及要求	关注点	备注
第四环节：无主持讨论 5分钟	给出一个话题，请大家自由讨论，并最后推选一人发言，如面对意外迟到、评优、加班	领导才能、组织能力、合作精神、是否敢于承担重任	
第五环节：自由提问 5分钟	由其他评委对应聘人员提问	全面考察、重点筛选	

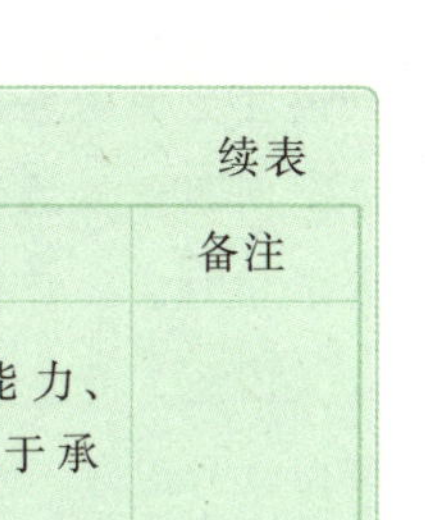

无主持讨论的话题：

1. 如果在你们当中只有一人可以应聘成功，根据前面的自我介绍和过程中的了解，你们认为会是谁？说出推选的理由(竞争的方式、手段和从中反映出的观念)。

2. 有一天，A老师工作时因帮助其他同事影响了自己的工作，如没有照顾好孩子，出了外伤，结果那位同事顺利完成了工作，而A老师按照制度会被处罚。如果你是领导，对这件事将如何处理？请说明理由(行为的规范、面对处罚的态度)。

3. 这一天是B老师妈妈的生日，她准备下班后给妈妈买些礼物，并给妈妈做一顿丰盛的生日晚宴。马上就到下班的时间了，前来接班的老师却打电话说她生病来不了了。如果你是B老师，一边是盼你回家的妈妈，一边是需要人照顾的孩子，你会怎么办？说出你的理由(对加班的态度)。

(本案例由北京市北海幼儿园提供)

案例分析

通过上面这个幼儿园的招聘流程与要求，我们看到幼儿园在选聘教师的过程中的每一个环节设置和具体的问题都不是空穴来风、随意安排的，每一个环节背后都有着重要的意义。从环节设置上看，先是常规问答环节、后是比较有发挥空间的自主表现环节，一方面让应聘者能够多方面地展示自己，让不同特点的教师能够从不同的角度发挥自己的优势，另一方面也便于园长更加全面地了解应聘教师的情况。而问题的由浅入深、由易到难是考虑到应聘者的心理需求，对于刚刚毕业的教师来说，应聘是一件颇具压力的事，但是对于自己的特长、求职的目的，一定要有充分的思考和准备。因此，从这些环节入手让应聘教师放松下来，以便在后面的环节中更好地发挥。此外，我们也看到上述面试材料中，园所对于每个问题背后的指向都分析得相当清楚，弄清楚这些几乎能够直接与园所的聘用需求相对应，让园长的判断更加科学而有依据。

因此，幼儿园要重视面试环节，园长在与应聘教师面对面交流时，要通过具有指向性的问题，了解应聘教师对幼儿教师的态度、对教育工作的态度、对学前教育理念的了解、对本幼儿园办园理念的基本了解、对自己的评价、对同伴的评价等。

正如我们前面提到的，在选拔与聘用教师的过程中，要把握好人才“总开关”：选拔具有共同世界观的人才；选拔具有正确人生观的人才；选拔具有合理价值观的人才，这是园长在面试环节要注意的事项。同时，作为园长，要能够透过现象看本质，提高分析判断能力，通过应聘教师外在的言谈举止、待人接物以及处理问题的方式方法，判断其思想认识与价值观，从而选择与本幼儿园理念、观点相契合的教师，以便其在将来的工作中能够尽快适应。

此外，作为园长，要着眼长远，了解人的发展规律，选择具有可塑性的教师，使其能够通过幼儿园的规划与培养，成长为一位有发展前景的幼儿教师。

二、关于细节

案例二 透过细节抓本质，真诚互动引人才

园长在选拔教师的过程中，要关注教师的长远发展，透过教师外在的表现，发现教师内在的发展潜力与专业能力，以下是一位新建园园长在选拔教师过程中的感悟。

一、初次见面：受挫的优秀毕业生

已经被好几家幼儿园决定录用的莹，来到我园只是为了试探一下，能否到离家近点的我园完成实习任务后走人。在园里极其缺教师的状况下，我多么想留下她，不仅因为要解决园里的燃眉之急，更因为她是一个很优秀的毕业生。

见到她时，她头抬得高高的，脖子总是耿直着，让人感觉很骄傲，说话声音清脆，语速也非常快，而当她谈起自己的上学经历时一切就有了答案：七年班长生涯、学生会的种种经历、老师得力的助手、学生中的领袖，这些学校的经历足以让她对自己感到自信而骄傲，但是在她表达的过程中，我却发现她常常不顾规定时间而沉浸其中，在陶醉于对自己经历的讲述时常常忽略别人提出的问题，有时还会打断别人的话，这些细节让我有些在意。

认真地聆听了她的经历后，我一方面发自内心地欣赏面前这个优秀的年轻

人，也毫不吝惜地称赞了她过人的学习和组织管理能力，但另一方面，也正是因为欣赏和钦佩让我更感觉有责任诚恳地指出她的不足，因为她以后的路还很长，她还可以走得更远。于是，我简短而直接地提出了她表述过程中流露出的一些让人不舒服的地方——高高在上，自我沉浸，不太关注他人的感受，欠缺规则意识和团队精神。

看着她扑簌簌的眼泪我紧张坏了，是不是说重了？是不是伤了她的自尊？是不是我太直白了？是不是……我有点自责，但是想想对她今后的成长有利，我还是觉得说出来是对的，我也恳切地告诉她，无论她留不留在我们幼儿园，她终归是要做教师的，这些是作为教师需要改进的。

二、再次相逢：期待展翅高飞的雏鹰

对于一向被外人高度认可、顺风顺水的莹来说，第一次听到“不”的拒绝，真的是一次打击，但激起了她对第二次面试的重视。

在我们谈话的过程中，我发现她虽然依然高昂着头，但是说话的语气平缓多了，眼神里多了些盼望与希望，别人提问的时候她会非常认真的听，并且耐心的等待别人的发言结束后再说自己的想法。我及时肯定了她的聪明和本性的善良，但是依然本着对她的发展负责的态度，针对她回答的问题提出了建议——思考问题不仅要关注自己的角度，还要尽量客观地分析多种可能，尽量全面地把握问题核心。当我提出问题后，她似乎有些情绪，似乎觉得自己没希望了，我赶紧转换了谈话的方向，把园所的理念和规划介绍给她，让她了解我提出建议的背后，是为了让教师更好地完善自己，这样才能更好地支持园所的发展。还是那句话，不管她是否留下，都希望她不断修炼、完善自我。

后来得知，我的每一次意见和建议，对于莹来说都是多年学习经历中少有的“否定”，成绩优秀的她从来都是被老师、同学、家长表扬的榜样。然而她自己内心知道自身的弱点在哪儿，追求上进的她早就期待突破自我了，就如同一只期待展翅高飞却又缺乏经验的雏鹰，她只是希望有人能够读懂她、鼓励她、支持她，直到找到新的方向。这是她后来对我说的，我就是那个读懂她内心渴望的人。

正是因为这一次的谈话，莹一下子决定要在留在这里，一方面看一看园长口中的幼儿园到底是什么样子，另一方面，她也想用自己的行动证明给园长看，她可以更加优秀。

三、实习历练：从好学生到一名真正的幼儿教师

幼儿园的工作烦琐，对于身体素质不太好的莹来说是一种挑战。她曾经担心自己是否能胜任这份工作，但正是实习的那一段日子坚定了她的信念。她说："在实习过程中发现，有着这样一群教师——他们青春年少，充满活力，正处于谈恋爱享受生活的阶段，却每天为了工作，为了孩子工作到深夜。正是因为看到这样的一群教师，被他们的工作热情、状态深深地打动着，我突然懂得了，这个世界有些人不是把幼教当成谋生的职业，而是终生的事业。"

七月，她正式加入教师这个群体中，她从一个骄傲的、事事拔尖的"好学生"，变得学会谦虚学习、谦让身边的人；从一个家中的娇娇女变得懂得关心身边的人、尊重他人的意见与想法；从一个十指不沾阳春水的大小姐，变成了愿意为了孩子做事不抱怨且感觉幸福的教师；从一个需要别人保护的小姑娘成长为能够承担重担的真正的幼儿园教师。

（本案例由北京市朝阳区翠城幼儿园提供）

案例分析

这个案例细致地描述了一个相对完整的聘用新教师的过程，展现了面试及实习过程中园长的聘用工作对于教师发展的作用。案例中的园长始终抱着对人才负责的态度，以自己的专业性和责任感作为依据与应聘教师互动，并用诚恳的态度、细致的观察以及准确的分析，最终打动了教师，也为教师的发展提供了支持。

在招聘的过程中，从面试教师的经历中要善于发现长与短，要知道自己想要的是什么，是不是和自己园所的整体合拍。我们都曾年轻过的经历告诉我们，刚刚走进社会的年轻人都是怀揣着梦想与憧憬、憋着干番事业的美好愿望走进社会的，园长的真诚会打动单纯、善良、有梦想的年轻人。

此外，这个案例充分说明面试不仅仅是一个聘用教师的流程，有思想的园长会把它变成一次职前培训，从见面的一刻起就将教师应有的形象、幼儿园发展的需求根植于应聘教师的思想里。一方面真诚地表达自己，给应聘教师更多判断和选择的信息，另一方面培养教师，能够经受住历练的教师才是优秀的人才。面试过程中园长反复纠结，最终又被一个想法坚定：不管留不留在我们园，她总要当教师，我要对她的成长负责。可见园长是站在人才的可持续发展的角度，甚至是学前教育事业可持续发展的角度在开展聘用工作，这样的站位能够让聘用工作收获更多的价值。

可以借鉴关注的是：客观地分析与评价、直入人心地面对问题是对待有思想的年轻人的一剂有效的良药。

三、关于男教师

案例三 关于选拔与聘用男教师的思考与探索

随着时代的发展、教育观念的更新，幼儿园全部是女教师的现状在逐渐改变，我园也在选拔与聘用男幼儿教师的过程中不断摸索经验，思考男教师的入职条件、培养策略，思考如何发挥男教师独特的优势，为男教师更好的发展提供条件，从而促进办园质量的不断提升。

选拔男教师本着"师德为先、幼儿为本、能力为重、终身学习"的原则，通过调查了解、现场谈话、查阅材料、实习期考察等程序，全面了解男教师的学习经历、职业理想、专业特长、综合素养，了解男教师的价值观、儿童观、教师观、教学观，树立起对自己所从事的工作的科学理解是成为一个合格幼儿园男教师的前提。

因此，针对男幼儿教师，在选拔与聘用中，要特别注重男教师师德、教育理念和职业理想的考察。正如贺麟先生所说："观念在人的精神生活上所占的地位，就好像光在人的实际生活和行为上所占的地位一样。没有光，整个世界就黑暗了。没有观念，整个人生就盲目了。"作为踏入幼教行业的男教师，对待幼教行业的认识和态度，直接影响到今后的实际工作，直接渗透到教育行为中。

一、具体标准

(一)师德方面

第一，热爱教育事业，对幼教事业的发展充满信心。

第二，关爱幼儿，尊重幼儿人格，富有爱心、责任心、耐心和细心。

第三，具有团结合作和吃苦耐劳的精神。

第四，为人师表，言行举止得体，自尊自律。

(二)能力方面

第一，学前教育专业，专科以上学历。

第二，性格活泼开朗，善于交流与沟通。

第三，教育理念符合政策精神。

第四，善于学习，具有实践与反思能力。

第五，爱好与特长(足球、篮球、音乐等)。

二、实践效果

在这样的聘用理念和标准下，我们收获很多。五年来，我园从引进第一名男教师，到如今拥有了四位阳光向上、朝气蓬勃的男教师团队，增添了活力，增添了特色，受到了幼儿、家长及社会的喜爱与好评。

（本案例由北京市朝阳区京通幼儿园园长宋晓红提供）

案例分析

近年来，政府与社会普遍重视幼儿园男教师缺失问题，鼓励优秀男性当幼儿园教师，创新幼儿园男教师补充机制，探索解决幼儿园师资队伍性别结构失衡问题。在这样的大背景下，许多幼儿园都在积极的招聘男教师，那么究竟以什么理念和标准来指导我们的聘用工作，怎样才能在聘用后支持男教师更好地发展，更好地服务于幼儿的教育，以上案例针对如何选拔聘用男教师给了我们一些启发。

首先，幼儿园要开放心态，积极聘用。我们应以平等的态度对待幼儿园的男教师。作为职业的选择，男教师同样有权利选择幼教岗位，我们不应歧视他们的选择或抱有好奇的心理去看待他们。由于幼儿园男教师少，容易引起人们的关注，各种好奇与议论自然就多了一些，于是他们就显得极为特殊，在众目睽睽之下，他们难以保持良好的心态，为了维护他们的人格尊严，我们应抱以平等的态度对待他们，把好奇变为一种理解，把新鲜变为一种尊重，保证他们有比较宽松的工作环境与心理环境。

其次，幼儿园要高度重视男教师的师德水平与专业能力。目前，学前教育的男教师来源不外乎两种途径：师范院校学前教育专业毕业生、其他专业经短暂培训上岗者。不可否认，师范院校学前教育专业毕业生，科班出身，具备在幼儿园工作的必要知识和技能，但如果要比专业技能，如舞蹈等，男教师一般比女教师略逊一筹。其实，男教师最重要的是保持自身阳刚之气，带给幼儿一份坚毅、勇敢，但如果男教师或是先天性格原因，或是受周围环境影响，自身都有些女性化，那带出来的孩子会是怎样呢？再者，其他专业经短暂培训上岗者，没有经过系统地专业学习与锻炼，直接上岗，特别对于幼儿心理学、教育心理学不甚了解，又怎能真正走进孩子心中，促进他们全面发展？

因此，案例中提出的师德和专业标准虽然看似简洁，却大有深意，各幼儿园可以根据本园的理念和教育特色细化其中的标准，一方面严把“进门”关，另一方面，明确男教师队伍的发展定位，不仅要让男教师真正发挥“阳刚”的教育影响力，同时也要让男教师队伍的发展不断走向专业化。

第二章 成就教师的希望
——园长教师队伍规划能力的提升

想一想

作为园长，要明确的是，规划幼儿园的发展，是园长作为“领导者”角色的首要任务。其中，对幼儿园教师队伍的规划能力，是园长的核心能力。然而，在工作中，往往会有很多困惑。

规划教师队伍发展有哪些重要意义？只有真正明确与理解其价值与意义，才能有的放矢，有针对性地开展工作。

规划教师队伍发展，需要进行哪些方面的思考？例如，我理想中的教师队伍是什么结构、什么特点、什么优势，他们能够在幼儿园教育质量提升的过程中发挥什么样的作用，如果持续发挥作用，需要做什么样的支持工作等。具体到规划教师队伍的方法层面，我也有很多困惑，第一步是什么，需要明确什么样的思想与理念，如何制定目标，如何制订思路与措施，如何反思与跟进等，我认为这都是教师队伍规划中需要考虑的关键问题，只有不断思考与明晰这些问题，才能够结合本园教师队伍的发展现状，制订适宜的发展规划，进而支持每一位教师的发展，成就每一位教师的发展。

——某幼儿园园长管理笔记

要想成就教师，最重要的一点就是要让教师充满希望，如何让教师对未来的发展充满希望，园长要做好幼儿教师队伍的规划，让每个人在团队中都有实现发展价值的希望与预期，让每个人都能成就自己。

幼儿园事业的发展和进步是一个动态的过程，尤其是新建园要从新生走向成熟需要一定的时间和经验的积累。教师队伍作为幼儿教育的主力军，人才战略是幼儿园发展战略中的重要一环，它是幼儿园战略实施的重要推动力量。同时，幼儿园的发展阶段和发展战略又是影响幼儿教师队伍建设的重要因素，幼儿园在不同发展阶段和战略定位有不同的人才需求。

第一节　教师队伍规划概述

队伍建设规划能力即园长为了实现本园干部队伍、教师队伍树立正确观念、提高师德水平和专业素质，在办园理念的指导下，立足长远，制订长远发展规划的能力。

一、教师队伍规划的基本概念

谈到园长对幼儿园教师队伍的规划，首先要谈的是园长对幼儿园的规划，究竟什么是规划？规划的主要内容和重点是什么？园长做好规划需要有怎样的思路？

（一）什么是规划

作为管理者，首先要弄清楚组织发展的目标，选定未来发展的方向，这就需要管理者对组织未来的发展进行具体的规划。规划对一个组织的生存、发展、运作、转型等具有十分重要的意义。

规划是指管理者在确立组织目标的同时，基于实现目标的需要与构想，对实现路径、实现措施、实现策略与方法等进行全面设计的一个管理过程。美国通用电器董事长杰克·韦尔奇曾经说过："我整天没有几件事做，但有一件做不完的工作，那就是规划未来。"

为了实现规划的有效性，通常需要解决以下六个基本的管理问题，即"六 W"的规划流程①。

第一，干什么(What)，明确组织在特定的时间内所要完成的任务。

第二，为什么干(Why)，明确组织在特定时间内的指导思想。

第三，谁来干(Who)，明确所规定的任务由谁来承担，由谁来完成。

第四，什么地方干(Where)，明确在什么场合、地点来完成任务。

第五，什么时间干(When)，明确完成任务的时间及其时间分配与时间限定。

第六，怎么干(How)，明确完成任务的思路、策略、方法和保障措施。

总之，在规划的过程中，管理者要通过对上述问题的思考与梳理，确定一个组织未来发展的方向、目标，并带领员工朝着这个共同的目标而努力。

---

① 阎水金．幼儿园决策与规划[M]．上海：华东师范大学出版社，2008.

（二）什么是幼儿园规划

园长对幼儿园发展的决策、规划以及战略部署是否正确，直接影响着幼儿园未来的发展，一个好的规划，是园长成就幼儿园、成就幼儿、成就教师、成就自己的重要助推器。幼儿园规划是引导园长进行战略管理和有效管理的重要途径。园长不能“想干什么就干什么”“想怎么干就怎么干”“想让谁干就让谁干”，幼儿园管理不是“跟着感觉走”，更不是“随心所欲”，园长要突破固有的、传统的管理模式，幼儿园规划是一个很好的切入点。

阎水金认为，幼儿园规划一般是指幼儿园组织的发展规划，其主要是指幼儿园组织及其成员对组织在某个时期的目标定位与发展方向、发展步骤与发展路径所进行的全面和系统的思考、选择、策划与部署的活动过程。① 规划不是计划，是规划师对幼儿园的一种宏观的决策，而计划是对幼儿园发展目标与发展思路进行具体的部署，是某种具体的微观层面的安排。

（三）什么是幼儿园教师队伍规划

幼儿园的规划是涉及幼儿园整体发展以及教师个人发展的系统工程，一所幼儿园的发展，建立在园长对幼儿园规划的基础之上，而幼儿园规划的实现则是建立在对幼儿园教师队伍的规划基础之上的。

要明确“幼儿园教师队伍规划”的概念，还要处理好其与教师个人发展规划的关系，两者的区别见表 2-1。我们认为，园长对教师队伍的规划，包含教师个人的发展规划，教师个人的发展规划为园长规划整体教师队伍提供一定的依据。

表 2-1　园长规划教师队伍发展与教师规划个人发展的区别

	园长规划教师队伍发展	教师规划个人发展
规划主体	园长或管理干部	教师
规划客体	教师队伍整体	教师个人
规划目标	幼儿园整体教师队伍的未来发展；为幼儿园规划提供依据	某个教师未来的专业发展；为教师队伍发展提供依据
规划过程	园长在调研基础之上顶层设计，征集教师意见后，形成教师队伍发展规划	教师根据个人专业优势与不足，进行专业规划，业务干部提出建议后，形成教师个人发展规划
规划内容	可以分为不同层面、不同专业发展水平的教师队伍规划	可以从专业精神、专业知识、专业能力等方面进行规划

① 阎水金．幼儿园决策与规划[M]．上海：华东师范大学出版社，2008.

要明确什么是教师队伍规划，还要对两个关键词进行解读：①队伍，这里的队伍主要指在幼儿园以直接或间接的方式为幼儿发展提供服务的人，可分为干部队伍(管理)、教师队伍(实践)和职工队伍(保障)；②规划，即进行比较全面的长远的发展计划，是对未来整体性、长期性、基本性问题的思考、考量和设计未来整套行动方案。

对幼儿园来说，组织的规划往往是以员工的规划为基础，而员工的规划又离不开组织的规划，组织规划通常是员工进行规划的依据。因此，幼儿园的管理者在确立了组织的规划意识之后，还应该关注组织成员的规划，其中包括员工、园长及其他管理者的规划。作为管理者，应该将组织成员的规划纳入幼儿园规划管理的过程中去，不断加强对组织成员规划的实践研究，并建立以组织成员规划为基础的规划管理的工作系统。①

园长规划幼儿园教师队伍指的是，立足于幼儿园教师队伍的发展现状，着眼于幼儿园教师队伍未来发展的目标，分析影响教师队伍发展的关键因素，通过对制定目标、分析因素、选择措施、明确步骤、人员参与、监督评价等方面的问题进行整体思考与顶层设计的一个过程。园长对教师队伍的规划是其对幼儿园发展规划的重要一部分，同时，对教师队伍的规划是否适宜也影响着幼儿园发展规划的制订与实施效果。

二、教师队伍规划的重要性

园长对教师队伍进行规划有着十分重要的意义，主要体现在对教师的支持、对幼儿园发展的促进以及对学前教育教师队伍专业化发展的推动等方面。

(一)支持教师在规划中求发展

一所好的幼儿园、一个称职的幼儿园园长，应该能够借助规划来支持教师的专业化发展，园长对教师队伍的宏观规划，建立在对教师队伍整体状况的分析基础之上，关系到每一位教师的切身利益，关系到每一位教师的专业发展。规划能够支持教师从工作实际出发找到自己的优势与不足，支持教师在教育改革中找到自己的发展方向和发展目标，进而逐渐成为一个自我导向、自我驱动、自我调控的发展者。

(二)明确幼儿园的发展方向

园长要制订出一套适宜的教师队伍发展规划，那么在规划幼儿园教师队伍的

---

① 阎水金．幼儿园决策与规划[M]．上海：华东师范大学出版社，2008.

同时，必须要思考而且要反复思考的问题是“我们要办一所什么样的幼儿园”“幼儿园现在存在的问题是什么”“是什么影响了幼儿园的发展”等，只有这些问题不断明晰，园长在规划教师队伍发展时，才能够对核心问题有明确的定位，如“什么样的教师队伍能够支持幼儿园的发展”“什么影响了教师队伍的发展”“要借助哪些措施来支持教师队伍的发展”……也就是说，园长制订教师队伍发展规划，能够推动园长思考幼儿园的发展方向；同时，教师队伍发展规划在实施过程中，也能够为幼儿园的未来发展助力。

（三）推动学前教育教师队伍专业化发展

教师队伍是学前教育事业健康发展的重要条件，更是提高保教质量的关键。学前教育教师队伍的整体发展，其根本就是每所幼儿园中教师队伍的发展，其核心是每位教师的专业化发展。只有教师的专业化发展得到合理的规划与支持，幼儿园教师队伍的整体发展才能够有所保障；只有对幼儿园教师队伍的整体发展做出科学合理的规划与支持，学前教育教师队伍的发展才能够得以实现。《国家中长期教育改革和发展规划纲要（2010—2020 年）》和《国务院关于当前发展学前教育的若干意见》提出，到 2020 年实现“造就一支师德高尚、业务精湛、结构合理、充满活力的高素质专业化教师队伍”的目标，这一目标既是国家学前教育教师队伍发展的整体目标，也是各幼儿园在制订教师队伍发展规划时的重要依据。

第二节　教师队伍规划的实施原则

教师队伍规划能力，是园长在凝人心、聚人力、促发展的过程中的关键能力，决定着园长对幼儿园未来发展以及教师专业化发展的系统思考，具有一定的前瞻性、整体性与系统性，不局限于幼儿园某个特定时期的队伍规划，也不局限于幼儿园某个特定教师群体的规划，而是面向幼儿园整体发展、面向幼儿园全体教师的一种规划。园长在进行教师队伍规划的时候，要坚持先进性、前瞻性、计划性和独特性等基本原则。

一、先进性

要以先进的理念为指导，包括先进的管理理念和先进的教育理念。园长要认识到中国学前教育的现状，尽管这些年学前教育在党和政府的重视下，得到了一定发展，但实际上，学前教育仍存在着发展不均衡的现象，不同地域、不同体制的幼儿园之间存在很大的差距。不少偏远地区或农村幼儿园、民办小规模幼儿园的观念相对落后。

园长们要认识到这种现象会在一定阶段内存在，是事物向前发展的必经阶段。因此，园长在进行教师队伍规划的过程中，要立足发展现状，以先进的理念为引领，必须要有专业发展的意识，注重专业素养的提升，为幼儿提供更高质量的教育、保育服务。

（一）具有先进的管理理念

园长规划教师队伍发展，一定要以先进的管理理念为引领，随着社会的发展，以及“以人为本”理念的渗透，人们越来越关注人的主体性对于个体以及群体发展的重要性。

案例 让教师成为自己、成就自己

某幼儿园将办园理念定位为“让教师快乐地工作，让幼儿快乐地成长”的“双快乐、双发展”理念，理念的内涵是只有教师的主体地位得到尊重，教师才会发自内心地去尊重幼儿的主体地位，只有自主的教师才能培养出自主的幼儿，教师是施教的主体，幼儿是学习的主体，在师幼互动中教学相长，让教师快乐地工作，让幼儿快乐地成长。为此，园长要努力营造快乐、自主的幼儿园文化，支持教师做幼儿园的主人，给幼儿提供更大的发展空间，最大限度地促进幼儿的快乐成长。

一、让教师成为自己

每个教师都不同于他人，都是独特的；每个教师都有自己的优点，不能用一把尺子衡量所有教师。对教师的评价，不能只有专业水准，更要心中有爱，还可以有知识广博、爱好广泛等多元指标。

让教师成为自己，就是要坚持“双快乐、双发展”的理念，坚持研究教师的主体性，支持教师在自主意识上的回归、自主行为上的跟进、自主评价与自主规划上的内化，让教师成为自主发展的先行者，支持教师成为独一无二的自己。

二、让教师成就自己

怎样使每位教师都感受到自己的重要性，都能成就自己，这是管理工作中一个富有意义的挑战。如何看待教师的发展？基于由内而外的发展需求，才能获得真发展；每个教师都有自己的目标和人生追求，每个教师都有自己的发展方式。因此，从管理上讲，主要就是要延续与升华教师对事业的爱，就是要支

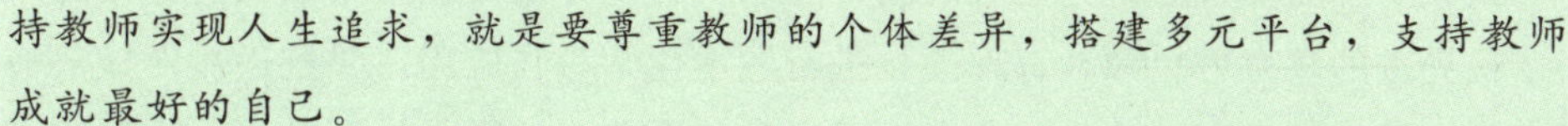

持教师实现人生追求，就是要尊重教师的个体差异，搭建多元平台，支持教师成就最好的自己。

（本案例由北京市北海幼儿园提供）

园长要重视幼儿园管理文化的建设，明确办园思想，加强民主管理、科学管理、精细管理和人本管理，提高管理艺术，让管理文化真正深入人心，“管而不死，理且不乱”，以管理理念引领精神文化建设的方向。

（二）具有先进的教育理念

先进的教育理念，是园长规划教师队伍的基础。园长思考培养什么样的教师、教师需要具备哪些专业素质等问题时，不可回避的一个重要问题就是，以什么样的教育理念作为引领。园长所持的教育理念是否先进主要体现在：教育理念是否符合当下社会发展的潮流，是否符合幼儿园的未来发展，是否关注教师和幼儿的发展，是否符合正确的教育观、儿童观等。

案例　让幼儿成为自己、成就自己

一、支持幼儿成为自己

我们时常会问自己“幼儿是谁”“幼儿能成为谁”……卢梭认为，在人生的秩序中，童年有它的地位，应当把成人看作成人，把幼儿看作孩子。因此，“支持幼儿成为自己”就是要以幼儿的眼光看待幼儿，以幼儿的心灵理解幼儿，顺应幼儿的天性，坚持“幼儿为主体”“幼儿为中心”，结合每个幼儿的生长点给予支持，使他们张扬个性，成为不一样的自己，成为最好的自己。教育，就是要倾听孩子的声音，帮助他们成为自己，帮助他们在未来生活中找到想要的幸福。

二、支持幼儿成就自己

我们还会问“谁来成就幼儿”……答案不是教师，也不是家长，而是幼儿自己，他们具有自己成就自己的能力。因此，支持幼儿成就自己，就是要相信幼儿，最大限度地调动他们自主发展的内驱力，给他们充分发展的空间，发展他们的独立性、自主性、创造性。支持幼儿成就自己，就是要站在幼儿背后，发掘幼儿需求，相信幼儿能行，为幼儿长远的、一生的发展奠定基础。

（本案例由北京市北海幼儿园提供）

园长一方面要潜心研究已有的教育理念，另一方面要注重吸收当前国内外最新、最先进的教育思想和教育理念，进行园本化学习与应用，并且逐步形成具有园本特色的教育理念。这个教育理念是受到教师普遍认同的教育理念，也是教师在实践中进行应用的教育理念，这对于教师队伍未来发展的目标定位有一定的支持作用。

二、前瞻性

作为园长，在现状基础上对未来的发展有长远的思考，要能够关注教师队伍未来发展的方向，在担当促进幼儿健康快乐成长的同时，也要支持教师专业化发展，推进学前教育事业的深化改革与发展。园长规划教师队伍发展，要对教师队伍发展有一定的前瞻性和预见性，要知道教师队伍发展的理想状态是什么样子的，教师队伍的发展现状有哪些特点，这之间的差距是什么。要实现理想状态，园长头脑里要预先制订“行动路线”，连接从“这里”到“那里”的距离。

朱永新认为，理想教师应该是一个追求卓越、富有创新精神的教师。教育家与教书匠的最大差异在于，教育家有一种追求卓越的精神和创新精神，追求的是一种充满灵性与智慧的教育教学，而教书匠往往忽视学生的主观能动性，以灌输作为教育教学的指导思想和主要的教育教学手段，接收时间越长，学生的思维越单一，心理更不自信，视角更加狭窄，想象更缺活力。理想的现代教师就是具有教育家的教育思想和教学方式。理想的现代教师的成长需要专业素养的不断提升和发展，才能满足和服务学生成长的需要。①

案例　教师的职业前景②

大卫(David)，一个四年级的教师，正处在教学第二年的期中阶段。经过第一年的教学，大卫认为下一年将会万事大吉，现在大卫非常沮丧并经常对自己的效率产生疑问，有时候他想知道为什么自己走进了教育行业并成为教师。大卫的几个同事议论要在当地大学攻读一个研究生学位，重新回到学校的想法并没有使大卫兴奋。他已经在中心小学待了很长时间，学生需求的多样性和广泛性远远超出了他的想象。父母和管理人员的要求对于他来说常常是一种压力，阅读教育问题相关方面的材料是他最想做的事情。去年大卫就失去了和他

---

① 王迅，周文和．教育十大转型[M]．长沙：湖南教育出版社，2015.

② 琳达·费奥斯坦，帕特里夏·菲尔普斯．教师新概念——教师教育理论与实践[M]．王建平，等，译．北京：中国轻工业出版社，2002.

的辅导教师的联系，他也极少与其他教师交流，除了在教工会议期间……他想知道自己35年后的生活会是什么样子。

大卫应该趁早在开始另一种职业还为时不晚的时候离开教师这个职业吗？或者，他应该再等几年，看看自己的态度是否转变？为了恢复他对教学的热情，大卫需要做些什么？

大卫看起来缺乏作为一个教师的责任感，我们相信预测职业的前景将有助于责任感的发展。如何预测职业前景呢？一个有实用价值的模型是斯蒂菲(Steffy)和沃尔夫(Wolfe)的职业教师的生活周期，提出了教师一生中的六个阶段。

第一阶段，新手。作为新手，教师才刚刚开始学习“教学意味着什么”。

第二阶段，学徒。大多数预备教师在他们的师范学习期间就成为学徒，作为一种最新需要的技能——自信，被应用到教学实践过程中。学徒教师以他们的热情和精力充沛而闻名，学徒阶段经常会持续到第二年(上述案例中，大卫还是个学徒，或者说是正在培训中的教师，然而他切断了自己与支持资源之间的联系，这是不明智的)。

第三阶段，专业教师。当教师把关注学生的学习作为最重要的事情时，随着日益增长的自信，教师生活周期中的专业阶段到来了……他们重视专业的发展，运用多样的职业发展机会来帮助自己成长。

第四阶段，专家教师。专家级教师已经达到了“国家教学专业标准委员会”(National Board for Professional Teaching Standards)所提出的期望……专家教师在专业中追求最新的思想和典范，使之成为学生不断学习的内容。

第五阶段，著名教师。著名教师在数量上是少的，他们超越了我们当前对优秀教师的期望……这些教师作为专业的发言人，能够对那些影响课堂教学的政策产生影响。

第六阶段，退休/名誉退休教师。有些退休教师继续活跃在教育领域里并因而获得荣誉退休教师身份。

当教师从当前的优势来看，理解现存的这六个阶段有助于减轻压力，不要期望在这个阶段成为专家或者专业教师。拥有职业视角将帮助教师意识到成为教师是一个旅程，而不是一个目的。

从上述资料中，我们看到，教师的职业发展有一定的阶段与轨迹，需要经历一定的过程，园长不仅自身要对幼儿教师的发展轨迹有一定的认识和理解，同时，还要支持教师对自身未来的发展轨迹有所认识，不要盲目地陷入对未来的“空想”之中，也不要对过去的经历“流连忘返”。园长要支持教师总结过去，正视现在，进而规划未来。关于教师在职业发展经历的阶段与轨迹，有很多研究。例如，有人认为，教师发展的阶段有专业适应过渡期、专业形成与成长期、专业突破与退守期、专业补给更新期、专业成熟期；有人认为，教师职业发展的阶段包括职前期、入职适应期、能力建构期、热情与成长期、职业迷茫期、职业稳定期、职业消退期、职业离岗期；还有人把教师分为新手型教师、成长型教师、骨干型教师和专家型教师……很多学者或者实践层面的专家对此都有研究，园长需要借鉴并对这些有自己独特的认知与理解，结合本园教师发展的现状，结合每位教师的发展水平给予针对性的规划与支持。

三、计划性

园长要细化每个阶段的发展目标，并明确每个阶段的目标、任务、途径和对完成情况的评价方法。

（一）对教师个人规划的计划性

园长要分析每位教师在专业发展上的优点、不足、未来发展空间，以及对每位教师可以实施的支持策略，这是一项烦琐、细致的工作，也是为教师队伍整体规划收集原始素材的一项工作。园长对每个人发展规划的分析与指导要体现一定的计划性。例如，园长指导教师按照一定的步骤或程序进行自我规划，指导教师制订某一年度或者某一阶段的发展规划，使规划的目的性与计划性相结合，如表 2-2 和表 2-3 所示。

表 2-2　教师个人总体规划框架

姓名：	部门：
项目	内容
自我分析	优势与缺陷、能力、兴趣、需要
环境分析	教育背景、教育专业发展趋势、学校要求、学生需要
专业发展目标	总体目标、阶段目标
专业发展路径	教学、学术、行政或其他路径
行动方案	步骤、策略或措施、时间、条件与资源
学校教师专业发展委员会对各步骤活动的记录、评价分析与反思	

表 2-3 教师年度规划框架

姓名：			年度：			
目标	具体目标	策略或行动	所需支持	完成年限	达成效果	反思与评价

（二）对教师队伍的整体规划要有计划性

园长要有计划性，不仅体现在对教师个人发展规划的目标、策略、支持、评价等的计划上，更体现在对所有教师的具体分析与规划的基础上，形成对教师队伍的整体发展规划。

园长对教师队伍整体发展规划的计划性，主要体现在对不同层面教师发展的规划，以及对不同阶段教师发展的规划，同时，还要对规划的实施有一定的计划。

资料链接

科学规划不同阶段教师的发展①

一、适应阶段

这个阶段主要是指刚步入教师行列的教师，其主要特点是：朝气蓬勃、充满活力、具有很强的可塑性和发展能力，不足之处在于教学方法不灵活、班级管理能力不强等。

二、发展阶段

这一阶段是教师充分发挥自己的才能、事业得以迅速发展的时期。处于职业发展阶段的教师已经可以完全适应教育教学工作，在班级管理能力和教学质量上有了明显的提高，能够较好地处理与学生之间的关系。

三、高原阶段

高原阶段是教师职业生涯中一个比较特殊的阶段。“高原现象”是教育心理学中的一个概念，是指人类在学习过程中的一种带规律性的现象或在学习的一定阶段往往会出现进步的暂时停顿甚至下降的现象。因教师个体差异，高原反应出现的时间不同。处于这个阶段的教师容易出现职业倦怠、职业承诺降低、职业角色

① 王健．论教师职业生涯规划：从新手型教师发展到专家型教师[J]．贵州教育学院学报，2009(1)：38～40.

冲突等问题。

四、反思阶段

经过了高原阶段，教师开始反思自己的教学，就如何提高自身的教学水平、教学能力、教学方法等方面进行反思，找出自己与专家型教师的差距所在，不断拓展知识面，提高工作效率和对教学问题的观察力。

五、提升阶段

反思阶段以后，教师的素养等各方面有了明显的提升和发展。这个阶段是教师工作状态最佳的阶段。处于这个阶段的教师，具有很持久的职业动力，形成了自己的教学风格，具备了一定的研究能力和分析能力。在教学水平、经验积累、专业发展水平、社会影响力方面都达到了很高的程度。他们往往被评为“特级教师”“专家型教师”“学科带头人”。

四、独特性

随着学习化社会的到来，每个人都具有终身发展的愿望，具备自主思考并规划人生的能力。教师作为一种专业，作为一种特殊的职业，或许比其他任何的人生样式更需要规划意识和规划能力。每个园所的办园思想不同，教师队伍素质也各有特色，制订本园的队伍建设规划，一定要从本园的实际出发，以利于实现办园思想。

（一）把握本园教师队伍整体发展的独特性

园长要关注本幼儿园教师队伍发展所具有的独特性，如人员的年龄结构、知识结构、工作状态、工作效率、团队氛围等，重点分析影响队伍发展的关键因素，从大处着眼，从小处着手，把“独特之处”变成促进队伍发展的切入点或契机。

案例　唤醒身边的“隐形员工”①

美国泰纳公司的管理专家阿德里安·高斯蒂克和切斯特·埃尔顿提出了一种公司中普遍存在却又容易被管理者忽视的现象——“隐形员工”现象。“隐形员工”不可小视。由于工作压力大而牢骚满腹，或者感到自己被轻视、不被赏识或不能作为，不少员工躲在公司的犄角旮旯里，发泄着不满，虚度光阴，得

① 马行提．唤醒我们身边的“隐形员工”[J]．学前教育(幼教版)，2011(10)：46～49.

过且过，消极怠工甚至无所作为，慢慢变成了“边缘人”“隐形人”。

如何唤醒幼儿园的“隐形员工”呢?

第一，做好幼儿园员工职业状态调查的制度性安排。职业倦怠的防治应该纳入教师队伍管理的总体方案之中，制订教师职业倦怠问题干预预案。通过一套系统的、长期的服务项目，采用专业咨询、指导培训、提供资源、丰富工作内容等方式，全方位帮助教师解决个人问题。

第二，借鉴企业管理先进经验，实施员工援助计划(EAP)。结合幼儿园教师职业特点，幼儿园人力资源管理中 EAP 的服务模式和内容涉及以下几个方面：工作压力、心理健康、突发事件、职业生涯困扰、婚姻家庭问题、健康生活方式、法律纠纷等，全方位帮助员工解决可能出现的种种问题。

第三，实现岗位轮换和工作丰富化。幼儿园教师的岗位轮换是指在同一水平的职位上轮换工作，通过多样化的职业活动，提高幼儿教师的综合素质和能力，丰富多种专业领域的经验，帮助员工全面发展，提升职业价值。

第四，培养教师的逆商(挫折商)，打造有创造力的团队。培养教师面对挫折、摆脱困境和战胜困难的能力。

第五，努力改变产生倦怠的应激源。作为管理者，尽可能突出情感化的管理特色，真正体现“以人为本”的管理理念，而不是一味地施压；尽可能营造宽松和谐的工作氛围，为教师提供人际交往的机会，使他们的郁闷和疑惑得到及时排解。同时，建立新的评价体系，调整竞争机制，满足大多数教师的成就需要。

管理者要积极发展教师的价值，并强化教师给予这些价值的成就感。成就感增强了，在一定程度上可以缓冲员工的心理压力，减少职业倦怠的产生。

(二)把握教师队伍中特殊群体的独特性

随着幼儿园的发展以及教师个人的发展，幼儿园教师队伍中会不时出现一些所谓的“特殊群体”，有的特殊群体是长期存在、不可变化的，如男教师群体；有些群体受到时间影响，会有一定变化，仅限于一段时间内的“特殊”，如新教师群体、产后返岗教师群体等。

案例　对产后返岗幼儿教师的管理与规划①

产后返岗教师群体将在一段较长的时间内存在，新妈妈教师从返岗到完全适应需要的时间从一个月到一年不等。适应期内，新妈妈教师所处的困境直接影响她们的正常工作。因此，园长应当重视这一群体，对她们的发展进行一定的保障与规划。例如，落实相关制度，保障新妈妈教师的合法权益；返岗前做好培训，让新妈妈教师有备而来；返岗实习做缓冲，帮助新妈妈教师找回感觉。

在幼儿园实践中，很多管理者认为这些教师是老教师，对幼儿园常规工作都很熟悉，没有再培训的必要。的确，产后返岗教师的培训重点不在于工作流程与教育技能，而是如何帮助她们尽快适应。这样的培训涉及缓解返岗焦虑的方法、处理工作和家庭关系的技巧、情绪管理、时间管理等内容。

园长对产后返岗幼儿教师群体的关注、规划与支持，直接影响未婚未育教师对幼儿园管理文化的评价，影响教师队伍整体的人文氛围。关注教师队伍中的特殊群体，能够使园长对教师队伍做出整体判断与规划，也是园长进一步做到人本管理的切入点。园长只有真正了解并满足不同教师群体的各种发展需求，才能凝聚人心，营造人本、和谐、关爱的氛围。

第三节　教师队伍规划的实施途径与方法

完善幼儿园发展顶层设计，根据幼儿园发展战略的推进规划自己的人才结构，及时补充发展所需的人才，创建教师队伍。立足于地区和社区环境，因地制宜，明晰特定成长环境中幼儿独特的发展需求，创立园所特色和原作文化，规划和构建自己的教师队伍。

一、教师队伍规划的实施程序与策略

园长进行教师队伍规划时具有一定的实施程序，尤其是新手园长，按照一定程序进行规划，能够较快提升规划能力。同时，园长也可以结合园所的特点以及

① 王少群．产后返岗幼儿教师的工作适应与管理策略[J]．学前教育(幼教版)，2010(6)：47～48.

自身工作的风格，对规划程序做出一定的调整，选择适合本园以及适合本人的规划程序与策略。

(一)教师队伍现状分析

园长对教师队伍进行规划的第一步就是要分析现状，也就是立足当下，总结过去，树立方向。每一所幼儿园的发展历程不同，每一位教师的成长经历不同，表现在每一所幼儿园教师队伍的发展现状也不尽相同。园长要从全局、从整体审视教师队伍的发展，分析教师队伍的优势、不足、影响因素以及未来发展方向等，在这个过程中，园长可以借助一定的工具进行分析。

斯沃特分析法(SWOT)又称为现状分析法，它是由旧金山大学的管理学教授海因茨·韦里克于20世纪80年代初提出来的，是一种能够较客观而准确地分析和研究一个单位或个人现实状态的方法。SWOT四个英文字母分别表示：优势(Strengths)、劣势(Weaknesses)、机遇(Opportunities)、挑战(Threats)，通过罗列SWOT的各种表现，对幼儿园整体形势形成一种描述。根据这个分析，可以将问题按轻重缓急分类，明确哪些是目前急需解决的问题，哪些是可以暂缓解决的事情，有利于园长在幼儿园的发展上做出较正确的决策和规划。SWOT分析法可以帮助园长明确幼儿园内部的优势和劣势，以及外部环境的机遇和挑战，确定相应的发展目标。

幼儿园可以借助现状分析图来完成SWOT的分析，见表2-4。

表2-4　幼儿园现状分析表格(SWOT分析)

名称：________________________________

填表人：________________　日期：________________

主要参加者：________________________________

因素	优势(硬、软件)	劣势(硬、软件)	机遇	挑战
地理环境				
学校规模				
硬件设备				
教师队伍				
行政人员				
学生资源				
家长资源				
社区参与				
社会资源				
其他				

（二）明确教师队伍规划的理念与目标

教师队伍规划中理念与目标的制定，需要注意以下三点。

1. 澄清所要达成的目标

教师专业知识的发展到什么程度？教师需要具备哪些专业能力？幼儿园发展目标与教师发展目标之间的关系？如何知道自己已经达成目标？

2. 明确总目标与阶段目标之间的关系

要明确制订的是未来几年的发展规划，要达成的总目标是什么，包含哪些方面，每年度或者学期需要达成的阶段目标是什么，如何评价已达成目标等。

3. 准确地表述所要达成的目标

表述目标时措辞要准确，如学习、学会、研究等；运用恰当、适宜的陈述词，如完全实现、部分完成、初步实现等；目标中出现的数字要有一定的依据。

此外，园长在明确与制定教师队伍规划中的理念与目标时，可以参照 SMART 目标管理方法，SMART 原则是目标管理中的一种方法。目标管理的任务是有效地进行成员的组织与目标的制定和控制，以达到更好的工作绩效，该任务由管理学大师彼得·德鲁克于 1954 年首先提出。SMART 原则便是为了达到这一目的而提出的一种方法，目前在企业界有广泛的应用，近年来也被一些教育管理者用于学校规划的制定，幼儿园在制定目标的时候也可以参考此方法。一个好目标必须具备 SMART（聪明的，也有人直接翻译为“司玛特”）特点。

SMART 目标是五个英文单词的缩写，具体如下：

S（Specific）：表示目标必须是具体的；

M（Measurable）：表示目标必须是可测量的；

A（Attainable）：表示目标必须是可实现的；

R（Realistic）：表示目标必须是客观的；

T（Time-bounded）：表示目标必须是具有明确时间限制的。

在发展规划中确定的目标只有符合上述五个原则，才是一个好目标。同时，SMART 原则还有另一种变体——SMARTER，前五个字母与上述原则相同，而后两个字母“E”和“R”则分别对应了单词 Evaluated（被评估的）和 Reviewed（被检验的）。

此外，园长还要对目标进行分解，目标分解就是将总体目标在纵向、横向或时序上分解到各层次、各部门以及具体的人，形成目标体系。目标分解是明确目标责任的前提，是使总体目标得以实现的基础。

案例　全面制定教师发展目标①

上海市静安区南阳实验幼儿园办园规划中关于教师发展目标的表述：

1. 以“研训合一”为思路，进行“园本教研”制度建设，形成学习共同体，建立各级骨干教师的成长档案，在教师发展评价、成长规律等方面进一步开展研究和实践，形成一支以“精英”教师领衔，以骨干教师为主体的，年龄结构合理、师德修养良好、专业知识丰富、实践技能扎实、整体水平整齐的教师队伍。

2. 增强领导班子的“协调、和谐”运转的能力，发挥幼儿园中层干部的主人翁意识，进一步完善制度，理顺机制。在充分认识幼儿园制度创新与发展之间关系的基础上，探索“基础工作抓细节，发展工作抓创新”，基础与发展工作相互依存、互相转换的管理机制。

上海市浦东新区浦南幼儿园三年发展计划中关于教工队伍发展目标的表述：

建立能充分展现教师个性特长的自我管理、自主发展机制，形成具有一高（高尚师德）、两结合（人文精神与科学精神相结合、团队精神与自主发展相结合）、三会（会学习思考、会研究探索、会实践创新）的个性鲜明的教师队伍，并在全市教改实践中起到示范作用。

通过上述案例中幼儿园对教师队伍发展的目标定位，我们能看到园长在确定教师发展目标的共同特点，如师德修养、专业知识等方面的目标，同时也看到每所幼儿园在落实目标与计划时的特色措施与做法，着眼于不同教师队伍的需求。

（三）明确教师队伍规划的具体思路与措施

1. 自上而下型

谈到规划，首先是园长的思考，从管理层对教师队伍整体的思考与设计，是一种“自上而下”的工作思路，但是“自上而下”并不代表管理的“一言堂”，也不代表自上而下的“绝对权威”。这里要强调的是园长以及管理层对教师队伍规划的责任。园长首先要有前置的思考，提出队伍发展指导思想、理念以及目标，这是中层管理以及执行层面最重要的参考以及依据。园长对教师队伍自上而下的规划可以借助一定的方法。

① 阎水金．幼儿园决策与规划[M]．上海：华东师范大学出版社，2008.

思维导图①又称为心智图，运用图文并重的方法，把各级主题的关系用相互隶属与相关的层级图表示出来，把主题关键词与图像、颜色等建立记忆链接。图 2-1是某园关于教师队伍发展规划的思维导图。

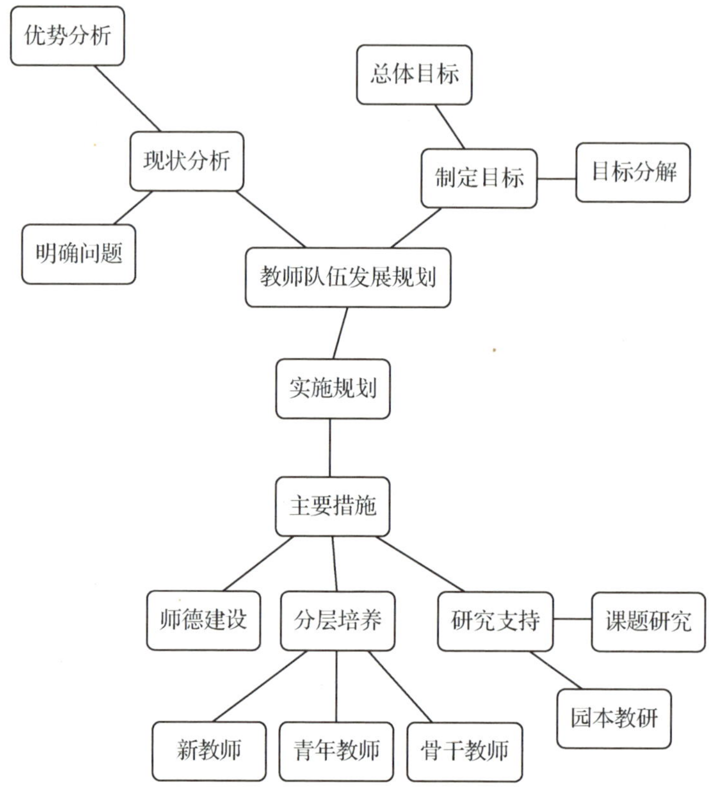

图 2-1　借助思维导图法制订教师队伍发展规划

如图 2-1 所示，园长可以根据规划的相关要素，分成不同的维度，每个维度可以用不同颜色的笔表示，利于区分；接着，在每个维度之下再分为更加细化的主题或者分支，每一层的分支尽可能在一个层面，有助于园长进行顶层设计与系统思考。在每个分支逐步细化的过程中，园长关于队伍发展规划的思路也就越来越清晰。

2. 自下而上型

一份好的规划一定是集全园之力、凝结全体教师愿望的规划，一定是满载教

① 博赞．思维导图[M]. 北京：化学工业出版社，2015.

师认同的规划，一定是教师乐于实施的规划。从这个角度来讲，园长在规划教师队伍发展的过程中，一定要把握“自下而上”的理念或方法。在园所的内部，通过广大群众的参与和讨论，形成教师队伍发展的目标，有利于凝聚人心，形成共识，最大限度地得到教职工支持，调动教职工落实规划的积极性。自下而上进行规划时，园长可以借助一些方法。

(1)专题讨论

园长调动不同部门教师的积极性，通过召开以“教师队伍发展规划”为主题的专门的研讨会，让教师参与到教师队伍发展的讨论当中，让教师明确意义的同时，思考自身未来的发展。教师可以选择规划的一个方面，进行头脑风暴，罗列关于教师未来发展的所有词语、概念，教师之间可以相互质疑，也可以对这些概念进行分类汇总，整理出教师关注的共性问题和个性问题。这种类型的讨论没有最后的“标准答案”，园长以及管理者在这个过程中，最重要的就是引导与激发，让教师“脑洞大开”“思维发散”，教师在自我分析与整体分析的讨论中，也是一种自我教育和提升。

(2) 征求意见

园长要广开建言渠道，最大限度地听取教师的意见，因为教师队伍发展规划关系每位教师的未来发展，每位教师的参与度，决定着这份规划的满意度。园长可以通过召开教职工代表大会、恳谈会等方法，广泛听取意见，也可以通过发放调查问卷的方法，征集每位教师对规划的具体意见。园长要通过制定一定的激励机制，调动教师参与的积极性。表 2-5 为借助“金点子”对教师进行意见征集的表格。

表 2-5 “金点子”教师建议征集表

主题	推广家长文化建设
原因及分析	1. 幼儿园品牌建设的困境 2. 家长参与幼儿园建设具有一定的积极性 3. 家园教育理念的共性与不同值得研讨
实施措施	1. 招募“家长志愿者”，有时间的家长来幼儿园深入参与幼儿园的一日生活，如图书整理、晨检、课间操等 2. 开设“家长特色小课堂”，请不同职业的家长来给孩子们介绍
您的期望	1. 让家长更深入地了解幼儿园的教育价值观，加强社会影响力 2. 让幼儿园的各项工作更有效地开展

上述是教师参与幼儿园建设的一种方式，教师可以提出自己在某些方面的建议，有原因，有分析，有措施，有思考，既是教师参与幼儿园建设的一种途径，也是对教师思维方式的一种培训和支持。园长可以通过这种方式了解不同教师对幼儿园发展的看法，了解大多数教师共同关注的点，有助于园长的顶层设计。此外，教师表达自己的意愿需要多个“出口”，这种具有问题分析和研究思路的方式，有助于教师表达心声。

综上所述，园长不仅要进行“自上而下”的整体设计，还要进行“自下而上”的意见征集，并且进行上下融合的信息整合，进而形成符合幼儿园发展理念以及符合教师发展意愿的规划。

二、教师队伍规划的具体途径与方法

作为园长，做好幼儿园教师队伍建设的规划，可以运用“互联网思维”当中的“用户思维”，即一切为了用户，要为每一个用户提供最适合他们的服务；也就是说，园长要心中装着每一位教师，基于教师原有工作经验、专业水平以及发展需求，制订队伍建设的规划。园长在教师队伍发展规划的实施过程中，要遵循一定的规律，同时也要有一定的策略与方法，主要体现在干部队伍规划和教师队伍规划两个方面。

（一）规划干部队伍建设

1. 干部队伍规划的重要性

干部队伍发展是幼儿园可持续发展的重要保障，作为一名幼儿园园长，要想实现幼儿园的科学管理，使各项工作有条不紊地，高质量、高标准、高效率地进行，就要建设专业化的管理团队。因为幼儿园工作繁忙，对上直属的“婆婆”比较多，对内各项事务繁多，“千条线万条线，都要穿过一个针鼻”，这个“针鼻”就是园长，园长通过系统思考，全面统筹，将错综复杂的“线”进行整合，拧成一条“线”，贯穿到幼儿园的各项日常工作当中。

管理干部是幼儿园教师队伍的中坚力量，毛主席有句话叫作“星星之火，可以燎原”，我们重视管理团队的培养，力求以管理干部的“星星之火”起到“燎原”的作用，以高素质、专业化的管理团队来带动教师队伍整体素质的提升，来服务于幼儿园的可持续发展。在干部培养中，园长的思想很重要，园长的思想就是管理的“魂”，有思想的园长才能培养出有思想的干部，有思想的干部才能培养出有思想的教师，有思想的教师才能培养出爱思考的孩子。

案例 培养优秀的干部队伍[①]

教师是人才兴园的基础。为孩子的快乐人生奠基依赖于一支优秀的、追求卓越的教职工队伍。在实践中，冯园长(冯惠燕)坚持以人为本的管理理念，以调动人的积极性、主动性、创造性为出发点，确立符合一幼(北京市第一幼儿园)实际的队伍建设基本思路，即坚持科学、民主的管理原则，逐步建立激励教职工充分发挥主体积极性的灵活管理机制；培养一支学习型、研究型、创新型且素质优良、结构合理的干部教师队伍，使队伍成长和幼儿园的发展协调同步、相互促进。

冯园长还结合实际探索出一套适合一幼发展的“先行管理”模式。所谓“先行管理”理念，核心是以人为本、以人为先；“先行”的含义是未雨绸缪，即与消防灭火式的应急型管理不同，与保持平衡维持现状的管家型管理也不同，而是一项包含着“先人后事、精细制度、前瞻运作、和谐发展、教科研主导、创新教育、专业园长”七个相互配套的管理模式和做法的新管理理念。这一理念意味着主动为人的发展服务，既注重人的当前发展，又着眼于人的未来发展。

2. 干部队伍规划的具体措施

(1)重研究，下力度，提供刚性支撑

园长要从制度上保障干部队伍的规划与实施，如完善《关于定期订定后备干部发展规划的制度》《干部加强实践指导的制度》《干部深入教学一线的制度》《关于干部的奖励与惩罚制度》《对不同发展阶段干部的支持机制》。园长要逐步完善组织机构，成立幼儿园干部发展规划领导小组，完善关于干部发展规划的岗位职责，并落实到具体的科室和人员，让干部发展规划成为幼儿园的一项常态工作。

案例 增加业务干部的比重，完善干部队伍的结构

半年前，根据组织工作需要，我被调到这所幼儿园担任园长，在进行了一系列的调研与分析之后，我以“传承、稳定、改革、创新”为指导思想，一方面，传承幼儿园优良的工作传统，稳定干部队伍和教师队伍，顺利过渡，另一

① 中国教育学刊．未来教育的领航者[M]．长春：吉林出版集团有限责任公司，2014.

方面，深入落实教育改革的思想，直面问题，创新工作思路。

例如，在分析幼儿园干部队伍结构的时候，我发现现有的管理团队中，主管教育教学的干部有两人(1人主管全园教学，1人负责全园教研工作)，其次还有行政干部1人、后勤干部1人、人事干部1人、医务干部1人、财务干部1人，所有中层干部加起来一共7人，前勤与后勤的比例是2∶5，这个干部队伍结构引起了我的注意，在行政会上，关于教学的“声音”相对比较微弱，这使我思考“全园的中心工作是什么”“后勤工作固然重要，但是后勤工作的目标是什么”“全园教育质量的提升如何加强”等，一系列问题困扰着我，回归到教育本质，回归到幼儿园的使命，回归到办园的初衷，我觉得很多问题迎刃而解，我们的一切工作的出发点和落脚点都是孩子，而孩子健康、快乐成长的最直接保障就是教育教学，教育教学的力度如何加强，一方面是教师队伍的支持，另一方面就是具有一定比例的专业引领能力的干部队伍。

在新学年的聘任工作中，我们先通过教代会，确定了新的岗位设置，我把调研结果、指导思想，以及关于干部岗位设置的设想提交教代会讨论时，收到教代会代表的一致赞同，大家表示，加强教育教学的业务实践与研究，符合幼儿园的理念，符合孩子们的需要。我从管理上提出了关于干部队伍结构调整的“三步走”，即改革第一年，前后勤干部比例为3∶4，改革第二年，前后勤干部比例为4∶3，改革第三年至第五年，前后勤干部比例逐步达到5∶2，加大管理层对教育教学中心工作的引领。同时，通过设置后勤干事高级工等，使有经验的后勤干部顺利向高级工过渡，并通过“师徒制”“导师制”等措施，让处于过渡期的后勤干部继续发光发热，找到自己职业上升的关键点，而不是纠结于是否从事中层管理工作。

从教育教学一线选拔“后备中层干部”，层层选拔与培养，规划干部队伍的发展，激活教师队伍整体发展，让新任教学干部能够逐步适应并引领教育教学工作的开展，让处于不同层面的教师都有上升空间，调动干部与教师工作的积极性。

(本案例来自一名新调任园长的工作手记)

上述案例中，我们看到，园长关于干部队伍结构的改革与调整，一方面基于对全园教育教学中心工作的调查研究，另一方面则基于对两支队伍发展的全面规划，所谓“牵一发而动全身”，从管理机制上给予干部队伍规划一定的保障。因此，重研究是干部队伍规划得以制订与实施的重要保证。

(2)勤研究，强队伍，加强人力支撑

作为园长，要加强研究的思路，规划干部队伍的发展，在了解干部需求后，借助研究，不断探索促进干部队伍可持续发展的有效途径。

第一，开展团队研究——发挥和锻炼研究能力和引领能力。

第二，负责策划大型活动，大型活动后有针对性的反思——侧重管理上的反思，如组织、协调、策划、沟通等。

第三，制订个人发展规划——对自己未来几年有清晰的认识和明确的目标。

第四，深度参与园所制度建设——提高站位、全局意识。

案例 借助行政教研，实施干部队伍发展规划

办一所幼儿园，除了要有园长的理念与管理，最重要的就是要有专业引领能力强的干部团队。我园的干部是忙碌的，各种事务应接不暇，但再忙再累，有一项工作雷打不动，那就是行政教研。这是我们2001年在全国率先提出的以培养干部、提高干部管理能力为目的、以干部和骨干教师为参与主体的新型园本教研模式，是干部梯队培养的有效途径。

行政教研着眼于干部工作中的真问题、真需求，具有研究与培训的双重作用，以板块研究为主，理论学习板块，注重教育学、管理学的理论学习和分享。例如，我们当前正在结合《幼儿园教师专业标准(试行)》和《幼儿园园长专业标准》，研究中层干部的专业性问题；实践研讨板块，注重从干部实践中的真问题出发开展研究。例如，基于干部困惑的“如何有效做好思想工作”的问题，开展关于干群互动有效策略的研究，基于干部指导教师业务工作的方法策略不足，开展关于提升干部专业引领能力的研究等；思想建设板块，注重以研究的方式规划幼儿园思想建设与师德建设工作等。后勤干部参与行政教研，努力实现前后勤工作协调统一的同时，也尝试以研究的方式解决工作中的实际问题，如开展节能减排的实践研究。由于行政教研是基于干部的需求、困惑和园所发展的需要开展的，因此它能有效调动干部主动思考，提升干部发现问题、分析问题和解决问题的能力。

行政教研开展以来，对解决干部实践中的需求、培养专业化的干部队伍起到良好的作用。2005—2007年连续三年我园的行政教研在教育部贯彻落实新《规划纲要》经验交流会上做了成果展示，目前已在全市乃至全国学前教育界得到推广。

(本案例由北京市北海幼儿园提供)

借助研究，园长对于干部队伍某些方面的规划得以顺利实施，正如案例中的描述，规划中对干部沟通能力的培养，研究中则通过“干群互动有效策略的研究”来实现；规划中着眼于干部的业务能力提升，研究中则借助实践引领的案例进行深入分析与研究；研究的魅力如此之大，就连后勤干部的培养与规划，也可以通过研究的思路得以实施。因此，园长要高度重视幼儿园的研究工作，厘清研究思路，立足现状，发现问题与分析问题，以干部队伍规划为突破口，全面提升幼儿园教师队伍的专业化水平。

（二）规划教师队伍建设

规划教师队伍要把握“专业”的关键词，“专业”是把教育当成生命与生命的对话、以智慧启迪智慧的活动；“专业”就是不断发现孩子的力量，发现他们的兴趣，发现他们的想法，然后想办法支持他们的持续探究。教师队伍是幼儿园课程理念的主要实施者，是幼儿园育人目标的主要实施者，对教师队伍的规划与实施影响着幼儿园育人目标的实现，影响着幼儿园教育质量的提升。

1. 着眼教师队伍整体发展

（1）让每个人都感到“我很重要”

规划教师队伍整体发展，园长要力求让每位教师找到属于自己的位置，让每个人都能感到自己在这份工作上的重要价值，这也是园长做好教师队伍规划的重要理念。

案例　人人发展，发展人人①

孟新园长非常尊重每位教师的发展，她量身定做的职业规划理念“特别的规划给特别的你”，帮助教师找到最佳的职业发展点。在此基础上，她倡导“让培训成为一种福利，让成长成为一种责任”，针对教师的内在需求，她采取“菜单式培训”和“岗上签约式定向培训”，让不同阶段、不同水平、不同优势的教师各取所需，以“一师多徒、一徒多师”的协作成长模式帮助每位教师找到自己的定位。以“最需要”与“最适合”的方式支持教师在园所发展平台上规划自己的个性发展之路，从而真正实现“人人发展、发展人人”的目标。

① 中国教育学刊．未来教育的领航者[M]．长春：吉林出版集团有限责任公司，2014.

(2)明确规划制订与实施的思路

园长自身要能够明确教师队伍发展规划制订与实施的工作思路，坚持“透过现象看本质，透过现状看未来，透过需求看规划”，厘清思路，整体推进，明确规划的主线、关键点、主要环节或者阶段、主要的措施与策略、主要的监管与评价、园长在头脑中要把这些搭成一个框架，然后把实践的做法填到相应的框架之中，这样，哪些需要坚持，哪些需要摒弃，哪些需要调整，哪些需要创新，需要借助哪些力量等就能够一目了然了。

案例　规划教师队伍发展的思路

为进一步加强教师梯队建设，关注教师专业思想、专业知识、专业能力的培养，提高教师从教的综合素质和实践能力，我们加强教育教学质量和教师专业发展的分析研讨，确立“一条主线、两点关键、三个环节”的工作思路。

一条主线：“双主体、双快乐、双发展”办园理念。

两点关键：正确理念的树立、实践智慧的提升。

三个环节：学习、实践与反思。

我们围绕“一条主线、两点关键、三个环节”，在支持教师专业发展方面，重点做好以下几项工作。

一、贯彻落实《幼儿园教师专业标准(试行)》，明确教师专业发展方向

(一)抓好《幼儿园教师专业标准(试行)》学习，领会精神实质

我们采用教师自学、导读、专家报告、答题活动等，引领教师学习《幼儿园教师专业标准(试行)》的实质，掌握“幼儿为本、师德为先、能力为重、终身学习”的内涵，对于“专业理念与师德”“专业知识”“专业能力”逐条进行学习，使教师认识到《幼儿园教师专业标准(试行)》是幼儿园教师履行专业职责和进行专业活动的基本规范与要求，是教师专业发展的考量依据，把贯彻落实《幼儿园教师专业标准(试行)》的过程作为教师专业发展的过程。

(二)全面分析教师专业发展状况，调整教师培养和培训规划

《幼儿园教师专业标准(试行)》明确了教师专业发展的基本准则，也为我们明确了教师专业培养方向。在学习的基础上，我园行政干部对照此标准，多次对我园教师队伍和专业发展状况以及培养方向进行研讨，对照“十二五”发展规划，进行评估和反思，在此基础上，重新调整和完善了培养和培训计划，从而对教师发展状况有一个全面而清晰的认识。

（三）引领教师客观反思，重新调整制订个人专业发展规划

《幼儿园教师专业标准（试行）》为教师客观反思自身专业发展提供了依据，全体教师在学习的基础上，从"专业理念与师德""专业知识""专业能力"三个方面，认真审视自身专业发展水平，制订个人发展规划，我园教师队伍培养和继续教育领导小组成员，结合日常工作，逐步分批地对教师专业发展规划进行反馈和指导，为教师有目的、有计划地实现专业发展奠定基础。

二、贯彻落实《3—6岁儿童学习与发展指南》，树立正确的教育理念

第一，为进一步学习与落实教育部《3—6岁儿童学习与发展指南》（以下简称《指南》）精神，我园组织了全面系统的教师培训活动，如教师通读自学、专家讲座、教师分组教研、实践反思等方式，把握《指南》的内容和精神，加深对《指南》的理解与落实。

第二，在学习的基础上，我们对照《指南》研究与反思我们的日常实践和教师专业发展，在分析实践、教师访谈、专家论证的基础上，借助课题研究、专家引领、团队合作学习，推动教育教学质量的改进和教师专业素质的提升。

三、开展课例研究，促进观念向行为的转化

（一）借助"杯赛"活动，开展"课例研究"，提高教师研究幼儿的能力

为加强教师基本功的培养，引导教师关注幼儿、研究幼儿，提高师幼互动质量，我园借助"西城杯""北海杯"，倡导人人做《指南》的"学习者、实践者、研究者"。活动中，我们以科学领域、语言领域教学为突破，相继开发了《老鼠娶亲》《拍花箩》《藏在哪里》《装盒子》《小球弹起来》《自动浇花器》等课例，通过研究，我们引导教师以"三级目标"为引领，以长远眼光看待幼儿的发展，鼓励教师尊重幼儿，让幼儿按照自己的兴趣、节奏进行学习。在课例研究中，我们结合具体的师幼互动情境，观察、研究幼儿，不断了解和把握幼儿的真实想法和意图，反思教师行为背后的观念和互动策略，通过解读幼儿和教师行为，不断转变观念，促进观念向行为的转化。

（二）借助"杯赛"活动，全面锻炼教师队伍，不断提高日常工作质量

每位参赛教师背后都有一个"课例研究"团队，包括教学干部、教研员、若干一线教师（包括首席教师、骨干教师、青年教师和信息技术骨干等）、参赛教师，大家共同研究幼儿，研究教材，研究教学，进行课例研究与实践，每位教师都踊跃实践，并积极参与研讨，在形成主体性课程的同时，也致力于促进每位教师的专业成长。杯赛活动展示的是一节活动，而我们要把每一天的活动都

当成“展示课”，以高标准规范日常工作，切实提高教师专业能力，提升工作质量。

四、借助专家力量，提升教师环境创设的能力

为进一步提升教师环境创设的能力，本学期初，我们聘请特级教师沈心燕做了题为《提高班级的教育质量，支持幼儿主动学习》的讲座，从提高班级管理质量和环境质量两方面，为教师做了详细讲解，为教师回迁新园布置环境提供了有力的支持。此外，我们聘请专家，对我园班级进行实地考察与指导，专家给予了我们切实有效的指导与建议，提高了教师的环境创设能力和材料投放能力。

此外，我们继续组织并开展首席工作室活动、助教讲师团活动等，延续优良传统，各项工作有序开展，不断提升教师的专业发展水平，完善教师梯队建设。

（本案例由北京市北海幼儿园提供）

(3)制订与实施规划要选好切入点

有时候，园长全盘规划教师队伍时，往往不容易抓住教师的需求，或者是没有思路。因此，园长制订与实施教师发展规划要选好切入点，这个切入点可以是教师工作中的亮点，可以是教师工作中存在的问题，可以是一直未被打破的“固有模式”，也可以是备受争议的“习惯套路”……园长要有敏锐的目光，从纷繁复杂的事务中，发现发展规划的契机，找到突破口，才能够事半功倍，有的放矢。

案例　有温度的管理，有温度的规划

调入这所幼儿园已经半年有余，作为园长，我已经对幼儿园教师队伍的整体情况做了深入的了解，通过观察、访谈、座谈等，了解教师们的真实想法，也抓住机会和教师们谈我自己的教育理念和管理理念。经过一段时间的磨合，我发现，我们幼儿园的教师们中规中矩，按部就班，不出差错，也不出成绩，平平庸庸，这是一所有着50多年办园历史的老园，也是一所重点幼儿园，这样的幼儿园搭配这样的教师队伍，说实话，我对幼儿园的未来担忧，这是幼儿园发展的瓶颈。怎样才能激活教师队伍？对教师队伍进行怎样的规划才能激活幼儿园的发展呢？

恰逢新学期的聘任工作，通过调查，我发现以往的教师聘任，都是教师们把自己的聘任意向张贴出来，然后幼儿园聘任小组成员进行新学期的聘任工作。这样的聘任工作没有差错，但对于教师们来说没有新鲜感，也没有“刺激”。要想激活与规划教师队伍，我想，这是一个绝好的契机，那就先从“麻木”的教师聘任开始吧。

我提出了让聘任工作从幕后走向台前，让聘任工作成为每位教师发展的舞台，教师们除了要准备一份聘任材料之外，还要准备面向全体教师的竞聘演讲。每位教师的演讲控制在5分钟之内，要求讲出自己新学期聘任这个岗位最重要的理由。聘任当天，虽然大家还不太习惯，当中层干部纷纷演讲之后，教师们陆续走上台陈述自己的竞聘理由，有人说“这是一次与自己对话的演讲”，有人说“站上来，才发现这份工作的神圣”，还有人说“真的发现了自己与岗位之间的差距”……有的教师慷慨激昂，有的教师娓娓道来，有的教师说到动情之处潸然泪下，台下不时爆发出笑声、掌声，教师们的眼中闪烁着泪花，那一刻我也被感动了。教师们并不“麻木”，触及心灵的时候，他们是那样的有思想，我还发现了教师们对这份事业深深的情怀，这是最可贵的，也是我规划幼儿园教师队伍发展的根基所在。

好风凭借力，借助新学期的聘任，教师们也选择了一个新的开始，作为园长，我也努力为教师们搭建发展的平台，让有温度的管理温暖教师，让有温度的规划成就教师，这样，才能让有温度的教育温暖孩子、成就孩子。

（本案例由北京市朝阳区三里屯幼儿园提供）

从这个案例中，我们看到，园长抓住新学期聘任的契机，让“墨守成规”的聘任变成“有温度的”聘任。在这个过程中，骨干教师有危机感，青年教师有挑战，老教师有希望，每个人都在与自己的对话中，找到对这份工作的责任与情怀。这是教师队伍专业精神的“试金石”，园长也从中找到了规划教师队伍的切入点，在接下来的工作中，园长可以让这个温度传递下去，与教师一起制定队伍发展的目标，明确发展方向，找到最适宜的发展路径，进而实现教师队伍的再发展。

2. 关注不同层面的教师以及特殊群体

前面我们提到，园长在规划教师队伍发展时，要坚持“独特性”的原则，那么，从实践层面来看，园长要关注不同发展层面的教师，分析每个群体的现状，

分析其未来发展的优势与不足以及上升空间，让队伍整体动起来。

(1)愿景引领，成就新教师团队

新教师团队承载着幼儿园未来发展的希望，从他们身上，园长看到的是“新”，他们有新的思想、新的思路、新的方法、新的思维。同时，在他们工作当中，也有着新的困惑与不足，新教师的成长不仅关乎每个人职业生涯的发展，更关系到幼儿园的发展，他们能为幼儿园教师团队注入新的活力，同时，也能带来一定的冲击。

如何让新教师尽快融入团队，如何对新教师团队的发展进行科学合理的规划，园长可以从愿景引领的角度进行切入，每所幼儿园都有自己的发展愿景，在这个愿景之下，每位新教师都会萌发出自己的职业愿景，园长要注重发挥愿景的引领作用，让新教师从认同到跟随，从跟随到付出，努力实现个人与团队的双发展。例如，借助对愿景的学习、分析与讨论，园长要注重引导新教师进行五步规划，即“自我评估与分析、环境分析、确定教师职业生涯目标、制订行动计划与措施、学校政策保障”，全方位打造新教师团队，使其成为幼儿园质量提升的重要力量。

案例 激活新教师队伍①

在新园创建初期，对新教师进行愿景教育，凝聚团队。我们在利用各种会议培训对新教师进行愿景引领时，不仅让他们了解园所的发展规划和愿景，了解集团发展愿景，更引导他们思考如何将自己的职业人生规划融入集团、分园的发展规划，在为集团、分园发展努力的同时，成就个人价值。当新教师明确了个人在集团以及分园中未来的发展方向时，他们更愿意主动地工作。当教师团队都在为同一目标努力时，团队的归属感便建立起来了。

然而，新教师往往空有一腔热情，不知从何做起。于是，我们将“最近发展区”的概念迁移到对新教师的培养上来，便有了“对标发展”的思路。首先是对标集团教师考核，园长向新教师介绍、解读集团每年例行的教师级别考核：首席教师、一级教师、二级教师……让新教师明确自己未来的发展路径，以及每一个阶段需要具备的能力和条件。其次是对标榜样，即帮助每一位新教师进行个人分析，不仅在分园，更在集团范围内找到自己的阶段性学习榜样，以超

① 许继红．新建园教师团队打造策略[J]．学前教育(幼教版)，2011(4)：46～47.

越榜样引领自己的发展。在这一过程中，园长会解读对标榜样的成长经历，帮助新教师与榜样建立联系，提供关门榜样教育教学的机会。因为榜样教师是新教师身边或集团内看得到的真实鲜活的人物，这使得教师成长的目标不再是空洞抽象的符号，主动性大大提高。

新教师的成长，需要园长的鼓励、指导、悉心呵护，同时更需要给他们一定的成长空间，规划他们的未来发展。为此，园长一定要学会逐步放权，大胆放手，成为教师成长的铺路石。

(2)关注骨干教师队伍

有经验的骨干教师是幼儿园的“栋梁之材”，在幼儿园重大活动中，他们勇挑重担；在各种观摩、交流、比赛中，他们用日常实践工作诠释着幼儿园的理念；在幼儿园各项工作中，都有骨干教师的身影，他们受到孩子们的喜爱，受到家长们的认可，受到同事们的爱戴，也受到园长的器重。骨干教师的未来发展牵动着幼儿园的发展，牵动着孩子们的发展，也牵动着园长对工作的规划与思考。

园长对骨干教师队伍的规划可以从以下几方面入手。

第一，重点打造，出名师，树典型，提炼骨干教学特色。

第二，平台助力，带徒弟，传经验，发挥骨干引领作用。

第三，团队合力，重研究，出成果，打造骨干教师梯队。

第四，目标导向，强优势，调不足，储备后备骨干队伍。

案例　对经验型教师的规划与支持①

幼儿园经验教师通常是指教龄在5年以上，凭经验能胜任教学，但缺乏理论思考，在教学突破和专业发展上往往会遭遇挑战的教师。调查研究显示，经验教师认为，目前自己需要的专业提升，比率由高到低依次是教学创新、专业上突破性提升、教学经验反思总结、改进工作方式、研究幼儿和教学、参与更高层次专业培训、教育教学理论学习；经验教师在教育技能上需要改善的能力，由强到弱依次为教学的解读方式与能力、分析方式与能力、调控策略与能力、观察方式与能力、倾听方式与能力等。

---

① 周金玉．幼儿园经验教师专业发展需求的调查研究[J]．学前教育(幼教版)，2015(5)：19～21.

研究还显示，不同职称、教龄、专业背景的经验教师，在专业发展需求上的表现普遍一致，对专业知识、专业能力、制度保障、自身发展资源四个方面都有一定的发展需求；经验教师的专业发展需求受职称的变化影响最多；教师职称的高低在一定程度上反映了教师专业发展水平的高低，专业发展水平高的教师，专业发展需求更明确，并更多指向专业发展的内隐智慧和高阶水平；经验教师专业发展上需突破的核心要素凸显。经验教师在有关课程实施与评价，解读和应对生成性问题，科学地了解和评估幼儿，对教学实践背后的本质、隐喻的探析和判断的能力明显不足。实践中"知其然，又知其所以然"的"教学监控力"亟须加强；经验教师立足时间的研究力明显薄弱，轻理论学习，轻研究幼儿，缺少开展教育科研的技术与方法，且自身动力和外力支持均不足。由此，他们难以避免缺失理论思考而陷入经验教条。

因此，对经验教师的规划与支持可以从以下三方面入手。

第一，丰富理论知识，转变教育观念。推动经验型教师强化自我学习，不断丰富理论底气，为自己的实践经验寻求理论的支撑，夯实专业底蕴。

第二，成立学者型教师队伍，提升专业能力。经验型教师在成长过程中需要一名导师去引导，跟学者型教师交流合作是一个途径。只有通过不断地合作与对话，让经验型教师拥有自己独特的思想，形成自己的研究视角，才有可能实现突破。

第三，运用关键教学事件提升专业判断力，完善发展资源。

(3)关注男教师队伍

作为园长，不仅要对幼儿园教师队伍整体发展做出规划，而且要关注教师队伍中的"特殊群体"——幼儿园男教师。当下，男教师越来越受关注，在学前教育中，男性被认为对儿童个性、品质的培养具有积极作用，能给幼儿园教师团队增添不一样的氛围与工作思路。目前，一线男教师一般分为三种：一种是参与儿童一日生活的带班教师，另一种是只给孩子上体育、武术等课程的专业教师，还有一种是负责幼儿园电教设备的教师。

2012 年，《中国教育统计年鉴》的数据显示，我国从事幼儿教育的男性不到 1%，日本为 7%，美国为 10%。男教师对于幼儿园发展的重要性不言而喻，园长要认识到这一点，更要为这些男教师的专业发展做出一定的规划。在培养过程中，学校必须保持他们的"男性本色"，在教授专业知识和专业技能的过程中，也应该因材施教，发挥男教师的优势和特点。

案例 男幼师的发展与规划[1]

从幼儿园管理层面来说，规划男幼师的职业发展通道很重要。从打造男幼师工作氛围来看，男幼师间的互相支持能促进其良好发展。目前，我国男幼师群体还缺乏两类人，一类是高度专业化的教师，即"专家型幼师"，另一类则是高质量的管理人才。

教师专业发展是指教师作为专业人员，通过持续学习，从专业思想到专业知识、专业能力、专业心理品质等方面由不成熟到成熟的发展过程，即由一个新手教师发展成为优秀教师乃至专家型教师的过程……幼儿园给男幼师清晰的职业发展通道——专家型幼师或管理人员……让男幼师处于一个不断学习、进一步专业化的状态；幼儿园的政策也会向男幼师适度倾斜，为男幼师量身定做教学实践活动，多给机会，多给支持。

中国学前教育研究会副秘书长张晖介绍，幼儿园中的男性角色为幼儿园带来了很多好处，但只有一名男幼师的幼儿园情况并不好，男幼师有被女性同化的风险。幼儿园最好有2～3名男幼师组成的小集体，既可以相互帮助扶持，强化男性力量，又可以在参与园内事务时更好地发声，提供男性看问题的视角。武汉市实验幼儿园、北京市新中街幼儿园等男幼师比较多的幼儿园就采取组团方式，成立了男幼师联盟、男幼师教研组等团队，通过团队的力量促进男幼师更好地发展。全国不少城市和地区组建了男幼师俱乐部或沙龙，这对于散落在幼儿园的男幼师来说，不仅消除了他们在学前教育岗位上的孤独感与边缘感，在这样的"组织"中开展各种教研活动，也促进了男幼师的专业成长。

(4)关注非专业教师群体

幼儿园教师队伍中，还存在一些非学前教育专业的教师，这在前文中有论述，园长要关注这一群体，分析非专业教师群体发展的优势与不足，分析其未来发展的方向，使他们能够在幼儿园质量提升、特色形成、品牌打造的过程中发挥重要作用，使他们从入职之前的"非专业"逐步实现入职之后的专业发展。

---

① 崔霞．男幼师：坚守即幸福[J]．幼儿100，2015(27)：8～13.

案例 支持非专业教师的发展与规划①

教师专业成长的主要内容就是提升教师的实践智慧，因此，让非专业新教师获得学前教育必要的知识与技能，并能理论联系实践，学以致用积累经验，提高适岗能力是培训的目标取向。对非专业教师的规划与支持主要体现在以下六方面。

第一，集中授课。对于所有培训对象共同存在的问题，如教育理论、教学教法，适宜采取集中授课的方式开展培训。

第二，分组授课。分组授课有利于培训者根据非专业教师基本技能现有的基础或个人能力，对受训的教师进行同质组或异质组分组，开展有针对性的培训。

第三，骨干引领。发挥骨干示范、辐射的作用，非专业新教师通过现场观摩、聆听实地经验介绍、与骨干互动对话，快速积累直接经验。

第四，带教指导。立足园本培训，在观察解读、案例分析、岗位练兵等方面给予全方位的指导帮助。为非专业教师分别安排班务工作师傅和教学工作师傅，在日常跟班和学科教学中提供深层次的专业帮助。

第五，区域联动和园际互动。为教师搭建实践演练的平台，提供走出园门锻炼、亮相的实践演练机会。

第六，亮相比武。推动非专业教师通过“叙事论坛”“才艺展”“教学大赛”“案例评比”“爱生演讲”等途径，亮相展示，达到学习回顾、自我审视、相互学习、共同反思的目的。

第四节 案例解析

一、教师队伍发展总体规划

案例一 北海幼儿园教师队伍发展规划

在制订教师培养规划的过程中，园长首先要思考的是教师队伍的整体建设，要在分析教师队伍现状的基础上，制定整体培养目标、内容、方法和途径，

① 周金玉．“问题－课程化”在非专业新教师培训中的运用[J]．学前教育(幼教版)，2011(10)：6～8.

做好教师发展的顶层设计。党中央、国务院高度重视教师队伍建设，党的十八大报告明确提出："加强教师队伍建设，提高师德水平和业务能力，增强教师教书育人的荣誉感和责任感。"近几年，国家高度重视学前教育问题，解决入园难问题，落实好《北京市学前教育三年行动计划》。提高幼儿园教育质量和教师的专业水平，是提高保教质量的根本，因此，办好人民满意的幼儿园，首先要加强教师队伍建设。为了进一步贯彻落实《幼儿园教育指导纲要》和《3—6岁儿童学习与发展指南》，切实提高保教质量，在学前科、教研室的指导下，根据我园"十二五"发展规划的总体要求，特制订教师队伍发展规划。

一、教师队伍分析

(一)基本情况

我园教师编制人数共105人，包括全日制硕士研究生2人，75%以上的教师为大学本科学历，其中具有高职称教师5人，一级教师59人。全国优秀教师1人，市级骨干3人，区学科带头人4人，区骨(校科带)11人。

(二)现状优势

1. 我园前期在教师队伍培养工作中已经做出的成绩

"十二五"以来，我园认真贯彻落实新《纲要》《指南》《北京市学前教育三年行动计划》、市区《"十二五"时期中小学教师继续教育工作实施意见》及《北海幼儿园"十二五"发展规划》，组织教师积极参加各级各类培训和研究，不断树立正确的教育观念，提升教师教育智慧。

"十二五"以来，我园不断探索教师专业发展的园本培训机制，已逐步形成了促进教师专业发展的园本培训支持团队，并形成了按需教研、分层培训的教师培养机制。

在开展教师培训和培养的过程中，我们注重发挥教师学习的主体作用，积极建设学习型教师团队，在全园已经形成了浓厚的学习与研究氛围，为教师队伍专业发展奠定了基础。

2. 我园目前教师专业发展水平的总体优势

第一，教师均接受过学前教育专业的培训，从一定层面上，能把握幼儿的年龄特点、学前教育规律和一定的文化素养；能积极贯彻《纲要》和《指南》精神，能树立"幼儿主体性"教育理念，以正确的教育观、儿童观，做好日常工作。

第二，教师能积极贯彻党和国家的教育方针政策，依法执教；热爱学前教育事业，能做到为人师表，具有良好的师德，爱孩子，爱岗敬业；教师开朗乐观，能团结合作，共同学习，具有浓厚的研究氛围和主动学习与研究精神。

第三，教育实践中，教师爱孩子，注重保教结合，尊重个体差异，自觉以三级目标为引领，落实五大领域教育目标，提高家园共育质量。

第四，教师能根据幼儿的年龄特点和兴趣需要，设计和组织幼儿一日生活保育和教育活动，积极发挥环境的育人作用，创造条件，为幼儿游戏和学习提供支持与引导；能关注幼儿，掌握一定的观察方法，根据幼儿的表现，分析和评价幼儿的发展水平，有效运用评价结果，指导下一步教育活动的开展，具有一定的研究和反思能力。

(三)现状问题

1. 目前我园教师专业发展水平存在的整体差距

第一，我园教师对新《纲要》《指南》的贯彻还需要进一步从理念向行为的转化，特别是如何实现从关注教师的“教”，向关注孩子的“学”进行转化，使教师的“教”能为幼儿自主有效地“学”服务。

第二，能关爱幼儿、尊重幼儿、信任幼儿，但在具体的教育实践中，依据幼儿年龄特点、身心发展规律，把握促进幼儿主动学习的具体策略与方法，还有待于提高。为此，教师对各学科、各种教育形式对儿童独特的发展价值和教育活动规律的把握还有待进一步加强，以不断研究和探索促进幼儿自主有效学习的策略和方法。

2. 目前我园教师队伍整体结构存在的现实问题

第一，我园教师队伍庞大，教师专业发展需求多样，如何使研修活动满足不同层次的教师需求，为广大教师提供满足个性需求的专业支持，将成为教师队伍培养工作重点研究和待解决的重任。

第二，青年教师占据的比例逐年增加(具体见统计数据)，青年教师有较高的文化起点和较好的专业知识，但实践经验不足，还需要加强教育教学基本功培养和教育教学经验的积累和能力的提升。

二、指导思想

以《幼儿园工作规程》《纲要》和《指南》精神为引领，围绕我园“十二五”发展规划，按教师专业发展规律和需求，坚持“专业引领、突出重点、开放多元、服务教师”的原则，全面推进教师队伍培养，突出师德素养、观念转变和教育教学能力的提升，加大对新任教师、骨干教师的培养，为全面贯彻“让教师快乐工作、让幼儿快乐发展”的“双快乐、双发展”理念，促进教师和孩子在快乐发展中做最好的自己。

三、培养目标

在新《纲要》和《指南》精神引领下，以《幼儿园教师专业标准(试行)》为标准，全面贯彻北京市北海幼儿园“十二五”发展规划总体要求，促进教师专业发展，提升教师素质和实施素质教育的能力和水平，努力建设一支师德高尚、业务精湛、结构合理、素质优良、适应学前教育改革和幼儿发展需要的教师队伍。

四、培养机制

(一)完善制度

制定和完善幼儿园教师队伍培养管理制度，强化激励机制，鼓励全体教师，促进教育质量提升和教师群体专业化发展。

(二)健全体系

完善分岗、分层次的教师培养体系，建构相应的培训目标和培训课程，使教师在不同发展阶段有针对性地参加培训，促进教师专业的可持续发展。

(三)创新模式

借鉴国际优秀学前教育课程理念，以“十二五”市重点课题为依托，以课例研究为突破口，研训赛一体，满足教师不同专业发展阶段的需求，提高培训的实效性。

五、具体内容、目标与途径

(一)树立崇高的职业理想和师德

根据市区要求，结合北海幼儿园实际需要，开展教师职业理想与道德教育。

1. 具体目标与内容

(1)爱岗敬业

引导教师理解幼儿保教工作的意义，自觉贯彻党和国家的教育方针与政策，依法执教。热爱学前教育事业，具有职业理想和敬业精神，团结、乐观、热情开朗。

(2)尊重幼儿

引导教师关爱幼儿、尊重幼儿、信任幼儿，以《纲要》和《指南》精神为引领，以三级目标为指导，重视环境育人作用，发挥游戏的独特价值，促进幼儿长远发展，为幼儿一生的幸福生活奠基。

2. 基本途径与方法

一是党政工团和教育教学部门联手，开展园内多种形式的师德教育。

二是关注教师需求，开展经常性的教师思想工作。

（二）丰富教师专业知识，提高教师专业素养

1. 具体目标与内容

(1)把握规律

引导教师掌握不同年龄幼儿的身心发展特点、规律和促进幼儿全面发展的策略与方法。

(2)因材施教

了解幼儿的个体差异和在发展中容易出现的问题，把握应对的策略与方法，满足有特殊需要的幼儿的发展需求。

(3)专业知识

熟悉幼儿园教育的目标、任务、内容、要求和基本原则，掌握环境创设、一日生活安排、游戏、教育活动、保育和班级管理各项工作的基本知识。

(4)文化素养

掌握丰富的自然科学和人文科学知识，具有一定的艺术修养，掌握现代信息科学技术，能为更好地开展幼儿园日常教育教学奠基。

2. 基本途径与方法

第一，在园内，结合教师继续教育和业务学习，加强必修课程学习，丰富教师专业知识。

第二，分层分批地组织教师参加西城教育研修学院开设的培训与课程。

第三，向教师推荐西城教育网等网络课程和资源，以及各种参考书目，教师自主选择资源自学。

第四，开展丰富多彩的教师工会活动，提升教师的文化生活质量。

（三）加强教育教学专业能力培养，提升教师实践智慧

1. 具体目标与内容

(1)环境育人

尊重幼儿在环境资源的开发和利用中的主体地位，与幼儿共同创设支持性的育人环境。

(2)保教结合

合理安排幼儿一日生活，保教结合，寓教育于幼儿一日生活之中。

(3)游戏支持

坚持以游戏为基本活动，尊重幼儿在游戏中的主体地位，观察和了解幼儿的游戏意图，支持和延伸幼儿的游戏想法，让幼儿做游戏的主人。

(4)活动设计与组织

敏锐捕捉幼儿的兴趣与需要，从幼儿出发，生成趣味化、生活化、综合性的教育活动。

(5)评价反思

客观、全面、科学地观察、记录和评价幼儿的发展水平，制订有针对性的进一步发展计划，有效鼓励和激励幼儿的成长和进步；能依据幼儿的发展，不断反思和改进保教工作，加强实践与研究，制订切合实际的个人发展规划，不断提高专业素质。

(6)沟通合作

立足幼儿主动学习，善于与幼儿进行适宜的师幼互动；立足幼儿发展，与家长进行有效沟通，促进家园共育；与同事开展合作交流与学习，共同促进幼儿发展。

2. 基本途径与方法

立足实践，开展分主题培训，提高教师的专业能力。

首先，以日常教研为平台，采用实践观摩、案例分析、课例研究等手段，促进教师专业能力的提升。

其次，根据我园教师队伍庞大、教师在同一能力上、专业成熟程度各不相同、需求各有差异的特点，开展分层培训。

再次，同样依据以上我园教师队伍结构的特点，变差异为资源，借助“新星杯”“北海杯”，发挥老中青教师各自的优势，开展教师之间的合作学习，促进共同成长。

最后，鼓励教师申报主持或参加科研课题研究，带着研究的意识，以研究的方法，有目的、有计划、有主题、有思路地改进日常教育教学质量，提高自身的专业能力。

六、保障措施

(一)行政保障措施

发挥党政工团作用，加强教师师德建设，加强学习，丰富教师文化、精神生活，不断提高教师整体素质。

(二)制度保障措施

全面贯彻《中华人民共和国教师法》，保障教师权益；加强理论学习，定期组织理论、业务学习，利用网络资源，激励教师自主学习和提高；多种形式开展园本培训、继续教育和专题研究，提高教师专业水平；充分发挥家长资源，认真听取家长对教育教学和教师队伍发展的意见和建议；落实我园教师队伍培养的相关制度，如《首席教师评聘及管理办法》《学科带头人评选办法》《师德之星评选条件》《和谐团队评选条件》《教师行为规范》等，以评价激励教师，加强师德修养，锐意教改，不断改进和创新。

（本案例由北京市北海幼儿园提供）

案例分析

上述案例，从教师队伍现状分析、优势、存在问题、指导思想、培养目标、培养途径与方法、保障措施等方面进行了综合规划，体现了该幼儿园在“十二五”规划中对教师队伍建设的规划。

第一，提高思想境界，加强师德文化建设。“十二五”期间的教师队伍建设，以提升教师师德修养为首，提高教师综合素质为目的。通过更具感染力、更有实效、更有时代性的师德教育和培训活动，不断增强我园教师的职业价值感、时代感、使命感和责任感，激励每位教师做师德高尚、人民满意的优秀幼儿教师，如发挥每位教师的主动性、让教师分享身边的师德故事、树立师德典型、以多种方式和途径宣传优秀教师的师德事迹、建立健全各项师德激励机制等。另外，教师培训内容力争全方位、立体化，如教师培训中创造性地加入对教师完美人格塑造和文化素养提升有关的内容。

第二，探索培养模式，加强教师培训文化建设。加强分层培训和重点培养，促进教师梯队建设和优秀教师团队的打造。为教师搭建自我超越的平台，创新各种大型活动，激励人人实现自我超越，实现专业素质的提升，逐渐形成集首席引领、骨干帮扶、青年成长为一体的系统化的专业研究团队；加强后备干部培养，逐渐完善中层干部专业发展的措施，加强干部队伍建设；整合各种教师培训形式，力争通过立体化、全员化、常态化的培养和培训满足教师的多种成长需要，促进不同专业发展阶段教师的发展和成长。根据不同群体教师的工作特点与职业理想，逐渐完善教师的职业发展规划，制订个性化的职业发展规划，以及与之相对应的监督评价机制。本着“人人做最好的自己”的原则，逐渐完善我园教师培养机制，给每位教师“搭台子”，鼓励教师“挑担子”，对不同学历(入职时)、不同工作年限、不同职业规划的教师进行针对性、个性化的指导与培养，在实践中成就每一位教师。

第三，提倡快乐工作，加强教师生活文化建设。“十二五”期间，要努力成就每一位教师的成功和幸福，激励教师自主发展，自我超越，实现完美人生。具体做法有以下几点：一是以制度激励和支持教师，如逐步制定和完善教师快乐工作制度等；二是以整合和创意的活动让教师体验快乐和成长，如开展教师文化节等；三是注重人性化的管理和关注，如更加关注教师的身心需求，开展教师的健康促进和心理减压活动，在各项工作和活动中将教师家属逐步纳入幼儿园和谐大家庭中等。“十二五”期间，教师队伍建设要加强对教师生命和生活价值的关注，创造性地开展“快乐同行”系列活动，总结与梳理活动经验，在此基础上，关注教师的身心需求，丰富教师的业余生活，使之常态化、内在化，使教师拥有健康的体魄和积极的心态。

第四，丰富合作模式，加强教师合作文化建设。“十二五”期间，我们将在教师自主发展的基础上，着力培养教师的团队合作能力，不断提高教师的凝聚力、合作力和学习力；通过行政教研、首席工作室、科研年会以及“快乐同行”等活动的开展，不断增强教师间的交往与协作，培养教师对北幼团队的归属感和责任感，为实现共同愿景而不懈努力。

二、教师队伍发展三年规划

案例二 翠城幼儿园教师队伍发展三年规划(2010.9—2013.8)

一、现状分析

幼儿园将于2010年9月1日正式开园，在工作中认真贯彻落实《幼儿园教育指导纲要(试行)》《幼儿园工作规程》精神，在区教委的领导和支持下，在全体教师的共同努力下，做好幼儿园的基础工作，在社区形成一定的影响力。为使园所的发展更有目标性和计划性，特制订三年发展规划，提升我园的教师队伍发展水平，更好地服务幼儿、服务家长、服务社会。

(一)优势

领导班子积极向上、团结协作、年轻活跃、思路开阔、勇于创新；教师队伍以青年教师为主，团结向上，虚心好学，业务能力不断提高。

注重业务学习和园本教研，有针对性地解决教师在实际工作中遇到的问题。坚持保教并重，建立了合理的保教工作常规，并以此为依据严格要求保教人员的日常工作，使幼儿全面、健康地发展。

(二)存在问题

1. 管理队伍

管理队伍相对年轻，建园时都是第一次担任新岗位，还需要进一步提高管理水平，积累管理经验；新班长的工作能力有待提高；教师队伍中年轻教师多，队伍的稳定性和专业水平亟待提高。

2. 教师队伍

由于幼儿园地理位置较偏，交通不够便利，社区不够成熟，生活设施还没有完善，因此，成熟的教师不肯来此就业。大批新教师开始就业，她们缺乏工作经验，教育思想还不成熟，实践工作经验不足，对《幼儿园教育指导纲要(试行)》的正确理解以及将之转化到实际工作中的能力有待进一步提升；保教配合能力有待加强；区域设置、区域材料的投放及教学指导水平不高；教师的基本功需要不断加强。

二、指导思想

坚持依法办园，认真落实《幼儿园教育纲要(试行)》《幼儿园工作规程》《北京市学前教育条例》，坚持科学的教育观，努力培养幼儿快乐、自信、合作、创造等个性品质，将我园办成幼儿快乐发展、家长满意的幼儿园。

三、工作目标

以《幼儿园教育指导纲要(试行)》(以下简称《纲要》)《幼儿园工作规程》(以下简称《规程》)为指导，以《北京市托幼园所分级分类验收标准及细则》为依据，以园本培训和园本教研为途径，以队伍建设为核心，以师幼健康发展为根本，规范管理，全面提升办园水平，争创环境优美、管理规范、队伍优良、质量良好的一类幼儿园。

四、年度工作目标与措施

幼儿园教育队伍三年规划的年度工作目标与措施见表2-6至表2-9。

表2-6　营造和谐氛围，凝聚团队力量

细化目标	2010.9—2011.8规范年	2011.9—2012.8质量年	2012.9—2013.8提高年
营造和谐氛围	1. 提出园所倡导，初步形成园风。 2. 园长带领队伍，全面思考办园方向，做好园所顶层设计。 3. 教师节活动——“翠成因我而精彩，我以翠成为骄傲”。 4. 感恩节活动——“感谢您，我亲爱的爸妈”。	1. 补充园所倡导，巩固园风，清晰园所理念。 2. 从园长开始，运用园长讲堂等方式，传播办园理念、园所文化。 3. 教师节活动——“幸福一家人”。 4. 感恩节活动——“感谢你，我亲爱的他”。	1. 梳理园所文化，明晰办园理念，增强对园所理念的认知。 2. 用园长讲堂、主任工作室、我的翠城我的家等方式，阐述园所文化。 3. 教师节活动——“中国梦、翠城梦、教师梦”。 4. 感恩节活动——“感谢你，我生命中最重要的人”。

续表

凝聚团队力量	1. 建立工会、团组织，形成领导小组。 2. 开展情商拓展活动，增进团队间的情感交流。	1. 开展拓展活动，形成团队协作意识。 2. 开展表彰活动，树立身边的榜样。	1. 党、工、团组织围绕团队建设进行系列活动。 2. 开展优秀班集体分享交流活动，促进相互学习。

表 2-7　树立专业理想，提升素养

细化目标	2010.9—2011.8 规范年	2011.9—2012.8 质量年	2012.9—2013.8 提高年
形成师德规范	1. 建立翠成幼儿园教师行为规范。 2. 学习《中小学教师职业道德规范》。 3. 梳理教师积极互动的言行。	1. 进行最喜欢的教师评选活动，分析优势与不足。 2. 进行教师礼仪培训，进一步规范教师礼仪。 3. 通过实践分析，了解师德行为与工作的关系。	1. 开展我最喜欢的教师研讨活动，学习身边榜样。 2. 进行师德案例解析，签订师德承诺书。 3. 每年的考核中加大对师德的考核比重。
加强自我规划	教师撰写三年成长规划，明确自身发展方向。	开展让青春之花绽放活动，树立教师身边的榜样。	走进特级教师活动，增强专业成长自信。

表 2-8　建立合理教学秩序，提高教学基本能力

细化目标	2010.9—2011.8 规范年	2011.9—2012.8 质量年	2012.9—2013.8 提高年
建立科学保教常规	1. 组织教师学习《纲要》和《规程》，重点落实教师根据本班幼儿发展水平，结合《纲要》制定适宜的教育目标。 2. 进行规章制度学习。	1. 进一步贯彻《纲要》和《规程》，结合我园办园目标将工作落到实处。 2. 加大考核评价力度，提升质量意识。	1. 深入贯彻《纲要》和《规程》，提高教师将《纲要》精神转化到实际工作中的能力，优化幼儿一日活动，全面提高保教质量。 2. 注重日常工作指导，不断调整，提升质量。
形成科学保教常规	研究并确定保教常规，制定保教各项评价标准。	完善各项保教管理常规，开展评价活动。	围绕科学保教管理常规，进行实践，反馈调整。
提升学科教学能力	1. 开展分领域教学活动，学习领域核心价值。 2. 学习先进教育理论。 3. 进行教师基本功培训、考核。	1. 专家培训领域核心价值及教学策略的应用。 2. 全员参与区级教学基本功评优活动。	1. 开展一课三研，研讨教学活动的实效性。 2. 骨干教师进行教学示范展示。

表 2-9 开展课题研究，提升研究能力

细化目标	2010.9—2011.8 规范年	2011.9—2012.8 质量年	2012.9—2013.8 提高年
构建学习共同体	1. 成立教研组，开展园本教研活动。 2. 资料共收集，进行分享活动。	1. 申报市级课题，成立研究组，开展课题研究。 2. 发挥老教师优势，成立分年龄的教研组，开展专题研究。	1. 开展师带徒活动，增强团队研究能力。 2. 骨干教师参与区级教研、外出培训，进行小组分享交流。
开展课题研究，提升研究能力	以习惯为切入点，分学期进行研究。梳理幼儿的行为习惯。	以一日生活为切入点，开展研究，初步形成培养策略。	梳理课题研究成果，提升研究实效。

（本案例由北京市朝阳区翠城幼儿园提供）

案例分析

教师的专业成长是师资队伍质量得以提高的重要保证，幼儿园教师队伍专业化成长的水平，直接关系到幼儿园特色办园的发展前景。

作为新建幼儿园，不论是幼儿园管理体系还是幼儿园的师资力量，都还处于相对不成熟的阶段，尤其是教师队伍比较年轻，教师的专业化水平还有很大的提高空间。基于幼儿园管理和师资等方面都还处于相对不成熟的阶段，制订适合新建幼儿园的教师队伍规划，促进教师专业化成长，稳定并提高办园质量，意义重大。

从上述规划中，我们可以看到以下优势。

第一，把握新建园发展的关键点。该规划在具体工作目标中将氛围营造、专业理想、教学基本功、实践研究能力作为教师专业培养的重点，切合本园的实际，很有针对性。

第二，结合现状，制订明确的发展阶段。每部分措施都分为“规范年”“质量年”“提高年”，体现出该园管理者尊重教师专业成长的节奏和轨迹，“因材施教”，按需培养。

建议更加深入细致地对教师队伍的现状进行分析，指导思想和目标定位可以更有针对性，措施可以更加具体、可操作。

三、干部队伍发展规划

案例三 北海幼儿园干部队伍发展规划

教育要发展，领导班子是关键。建设高素质的干部队伍，形成朝气蓬勃、奋发有为的领导班子，是幼儿园可持续发展的根本保证。幼儿园“十二五”规划中提到，不断提高干部队伍的整体素质，加快培养机制创新，为每位干部的全面发展创造良好的环境，出名师、育英才，完善学习型幼儿园组织建设，促进幼儿园整体办学水平的提高。为进一步落实规划，特制订干部队伍发展规划。

一、干部队伍分析

(一)基本情况

幼儿园现任领导班子共11人，其中任职1～3年的4人，3～5年的1人，5～10年的1人，十年以上的5人；其中一级教师5人，二级教师5人；全国优秀教师1人，全国模范教师1人，市级骨干教师2人，市区学科带头人2人。

(二)现状分析

1. 整体优势

我园领导班子始终坚持以党和政府的政策精神为指导，深入贯彻落实党的十八大精神，扎实稳进地推进幼儿园各项工作，共同促进教师的快乐工作与幼儿的快乐成长，得到了全园教师的认可与好评。整个领导班子具有以下优势。

(1)有强烈的大局意识

整个领导班子成员有大局意识，能积极贯彻落实党的各项路线、方针、政策，落实学前教育三年行动计划，积极解决入园难、入园贵等民生问题，为政府分忧解难，有着高度的社会责任感和使命感。

(2)有坚定的教育信念

整个领导班子，热爱党的幼教事业，始终树立以幼儿为本的教育理念，始终坚持“幼儿利益高于一切”的办园思想，做好幼儿园一切工作，使教育工作服务于幼儿发展，服务于社会发展，有坚定的教育信念。

(3)有踏实务实的作风

整个领导班子能积极贯彻落实党的群众路线实践活动，深入一线，抓教育教学质量，深入一线开展教育教学与管理工作，及时发现教师在实践中的困惑与需求，并给予相应的支持，促进教师的专业化发展，不断提高工作质量。

(4)有乐学善学的能力

我园领导班子不仅以敬业乐业的作风积极做好管理工作，而且能够结合工作要求，加强学习，能定期通过行政教研、中心组学习等活动，不断地在政治思想素质、教育教学能力、管理艺术和水平等方面，提升自身的综合素质和业务能力。

2. 发展需求

由于干部队伍流动性大，干部培养始终存在着新老交替问题，目前领导班子呈现年轻化趋势，由于工作经历、经验等方面的局限，一些干部在一线是好教师，但角色转换后，工作性质发生变化，在如何做一名好的干部上存在着一些不足，主要表现在发挥自身优势带动班组共同成长方面经验不足，职工工作方法单一。

为了进一步加强干部队伍的培养，这几年，我们也在干部中尝试实行轮岗。轮岗后，每名干部的工作性质和内容发生了改变，也需要每个干部在新的管理岗位，不断加强能力锻炼，不断提高管理能力。

干部的业务水平制约着教师的专业发展。目前我园干部队伍业务能力发展不均衡，专业发展需求多样化，如何通过行政教研满足不同岗位、不同层面干部的不同需求，促进干部全面、富有个性的自主发展，是我们始终坚持研究有待突破的重任。

二、指导思想

以《规程》《纲要》和《指南》精神为引领，围绕我园“十二五”发展规划，按干部发展规律和需求，坚持“专业引领、突出重点、开放多元、促进发展”的原则，全面推进干部队伍培养，突出师德素养、观念转变和教育教学能力的提升，针对新任干部、有经验干部进行有针对性的培养，整体提升干部队伍综合能力，使干部在快乐发展中做最好的自己。

三、工作目标

(一)管理干部培养目标

第一，具有先进的教育和管理理念，是师德高尚、爱岗敬业的模范。

第二，在所辖范围内具有较强的业务能力和组织管理能力。

第三，能和所辖范围人员进行有效沟通，构建和谐融洽的工作氛围。

(二)后备干部培养目标(年级组长、首席教师等)

第一，师德高尚，爱岗敬业，在群众中有一定威信，能起模范带头作用。

第二，具有科学的教育观、儿童观。

第三，具有丰富的实践经验和研究能力，同时能带动其他教师共同成长，具有一定的组织管理能力。

四、具体内容

(一)加强干部的政治理论学习

认真贯彻落实党的各项路线、方针、政策，积极贯彻落实党的群众路线实践活动，在干部中有计划地开展中心组学习，提高干部的思想认识和大局意识。及时学习国家最新的政策方针，学习并领会上级文件精神，不断提高思想认识，提高思想境界，以坚固的思想堡垒武装自己。领导班子成员要始终保持阳光心态，“要做太阳，照到哪里哪里亮”，向教师传递正能量，引领全体教师保持积极向上的心态，追求卓越，做最好的自己。

(二)进行师德教育，提高思想素养

积极贯彻落实《纲要》和《指南》精神，以“师德”建设为抓手，加强干部队伍的师德素养，特别是培养干部勇于担当的精神和敢于负责任的态度。

(三)加强学习，提高综合素质

我园领导班子将继续开展以行政教研、管理沙龙等为主要形式的学习活动，包括思想理论的学习和专业知识的学习。

(四)注重培训和锻炼

做到“重点后备干部重点培养，优秀人才优先培养”，要把有发展潜力的年轻干部放在一定岗位上压担子、给台阶、多锻炼。积极引导他们投身各种工作实践中，在实践中提高素质，增强技能，增长才干。对于特别有培养前途的干部，有计划地选派到教委机关，接受锻炼和培养，使其更快成长。

(五)健全干部谈话和教育管理制度

不定期开展干部谈心活动，了解他们的思想、工作情况，肯定成绩、指出不足，多鼓励，达到教育干部、解决问题的目的，帮助干部认识工作中的不足，提高综合素质，不断提高解决各种问题的能力。

(六)坚持深入实践，提高工作质量

干部坚持深入实践，不断地发现问题、解决问题，在过程中，提高干部的问题意识和解决问题的能力，不断提高自身专业引领能力与管理水平和管理艺术，并在过程中做到深入实践“十二有”(干部要有理念、有思想地深入实践；干部要有目的、有计划地深入实践；干部要有分析、有策略地深入实践；干部要有总结、有提升地深入实践；干部要有延伸、有转化地深入实践；干部要有评价、有考核地深入实践)。

我们将进一步加强领导班子的思想建设、组织建设，加强师德师风建设，发挥领导班子的思想堡垒作用和干部的先锋模范作用。同时，我们将积极贯彻落实《纲要》《指南》精神，结合我园“十二五”规划的阶段目标，坚持改革创新，注重内涵发展，以提高教育质量为主要任务，努力办人民满意的幼儿教育。

（本案例由北京市北海幼儿园提供）

案例分析

在做好顶层设计的基础上，要满足教师个性化的发展需求，还需进行分层规划。例如，干部、骨干教师、青年教师等不同专业发展阶段教师的需求是不同的，培养的重点和措施也应有所区别。为了使规划更有针对性，更便于操作，园所可以对教师进行分层培养，制订分层培养规划。

干部队伍建设是幼儿园教师队伍建设的关键。只有建设专业化的管理团队，才能保证幼儿园在正确理念下发展与前进。园长要对每一位中层干部的发展有个性化的规划与支持，干部是园长管理理念落地的重要桥梁。

在此规划中，我们看到，干部队伍规划需要园长明晰干部队伍的优势与不足，尤其是干部队伍中普遍存在的问题，分析问题以及问题背后的影响因素，只有这样，才能“对症下药”，才能因地制宜，才能结合实际情况，制订有效的培养计划。该规划对于干部队伍现状的分析很透彻，因此，指导思想和目标都非常有针对性，切合干部专业发展的需要。

建议进一步细化培养内容和措施，提升规划的可操作性，提升规划对实践工作的指导意义。可以参考《幼儿园教师专业标准(试行)》，根据干部专业发展的需求对培养的内容进行分类。例如，专业精神、专业知识、专业能力，也可以从其他维度划分，在此基础上，明确每一部分的核心内容、培养目标以及培养方法、途径及考核、评价等。这样，规划的实效性就会更强。

四、青年教师培养规划

案例四 北海幼儿园青年教师培养专项计划

为了不断提高我园师资水平，促进保教队伍专业化发展，提高整体办园质量，根据《北京市北海幼儿园“十二五”发展规划》《北京市北海幼儿园教师队伍培养规划》的精神，结合本园素质教育推进、教育改革和师资队伍建设的需求，特制订我园青年教师培养规划如下。

一、指导思想

以新《纲要》《指南》精神为指导，根据北京市教育大会精神，从实施素质教育，一切为儿童发展、为教师发展的需求出发，按照教师专业化的要求，以师德教育为核心，重点提高教师综合能力，贯彻“与时俱进、适度超前”和“全面规划、按需培训、分层实施、讲究实效”的原则，加强青年教师的培养，建立培训和教师自主发展、自我提高的运行机制，逐步完善我园青年教师培养制度，培养教师终生学习的理念。建设一支德才兼备、师德高尚、敬业爱生、结构优化、创新力强、富有活力的适应21世纪教育发展需要的可持续发展的师资队伍，为打造民族学前教育第一品牌奠定基础。

二、目标与任务

(一)加强青年教师继续教育，提高青年教师继续教育合格率

1. 培训任务

为贯彻落实《北京市教育委员会关于北京市幼儿园、中小学、中等职业学校教师“十二五”时期继续教育工作的意见》，普遍提高全园青年教师队伍素质，按照市区教委文件精神，加强青年教师继续教育和新教师培训，保证每位青年教师完成继续教育规定学分，继续教育合格率达到100%。

2. 培训目标

提高青年教师思想政治素质和职业道德水准，树立正确的世界观、人生观、价值观，做到教书育人、为人师表；掌握先进的学前教育理念，了解幼儿园课程改革的现状与发展趋势，并在实践中有效实施适合幼儿身心发展特点的素质教育。了解教师心理健康与幼儿心理健康之间的关系，掌握针对幼儿心理健康方面的问题进行纠正与辅导的手段和方法，同时提高自身的心理健康水平；掌握获取信息的技术手段，学会利用信息技术改进和丰富教学方法，不断提高学前教育的水平和质量。

3. 培训内容

培训内容包括教师职业道德修养、教师及学生心理健康、现代教育信息技术应用、《幼儿园教育指导纲要(试行)》与课程改革。

4. 培训方式

根据市、区上级部门的安排，实行半脱产学习和园本培训。学习方式有面授、观摩、自学、研讨。

（二）开展青年教师两项培训工程

1. 培育新苗工程

（1）培训对象

新分配、新调入我园工作的教师。

（2）培训目标

具有良好的师德修养，热爱幼儿，尊重家长；熟悉岗位职责和岗位工作流程，能胜任岗位工作，并具有初步的教育教学研究意识，掌握初步的教育研究能力。

培养教师爱岗敬业精神、钻研进取精神，为新教师的可持续发展和专业化发展铺平道路。

（3）培训内容

培训内容有园史园荣教育；保教工作各岗位职责、流程和实操；园内相关的业务学习和教科研活动。

（4）培训方式

新教师必须根据有关规定，参加一年的见习工作，新调入保教人员（包括临时工）至少要进行3个月的试用和见习工作。

培训主要以幼儿园班级教学为基础，采取以老带新的方式，扎根幼儿、立足一线、立足基本功的能力培养和锻炼。

幼儿园业务管理部门根据新员工情况，组织定期集中培训。

2. 培养青年骨干工程

（1）培训对象

工作5年以上，35岁以下，思想素质好，业务能力强，有钻研和进取精神，有发展潜力的青年教师。

（2）培训目标

遵守职业道德模范，教育教学效果显著，教科研成果突出，能不断地从经验型教师向反思型教师成长。

（3）培训内容

教育科研培训，承担园级课题，或者参加区级以上课题组，并不断参与课题培训，开展教育科研活动。

（4）培训方式

采取滚动培养的方式，组织区、校级骨干教师和学科带头人参加市、区、校的政、研、训为一体的提高培训；采取拜师培养的方式，以园内一线教育教学、教育科研为基地，由园内市、区骨干教师、学科带头人带动青年骨干培养对象的成长，发挥传、帮、带的骨干带头作用，实现园内优质教育资源共享，促进教师队伍整体水平的提高与发展。

（三）开展园本培训，以教育科研促进青年教师专业化成长

第一，开展多种形式的教育科研活动，为教师成长搭建平台。

第二，变革教育科研方式，提高教育科研实效性，变经验型教师为研究型教师。

（本案例由北京市北海幼儿园提供）

案例分析

青年骨干教师是幼儿园发展的希望，遵循了“全面规划、按需培训、分层实施、讲究实效”的原则，符合青年教师培养的需求。园长在青年骨干教师的培养规划方面，要把握青年教师的发展潜力、发展空间以及对青年教师综合素质的衡量。

同时，园长要明确本园青年教师的基本情况、个性需求、存在的问题，以及青年骨干教师在全体教师团队中的比例、作用等，综合衡量与统筹，细化培养规划，让每位教师都能找到自己的位置，都能得到专业化发展，让每个人都能感到自己对于幼儿园发展的价值。

上述案例对青年教师培养任务进行了合理的分解，如继续教育、培训工程、科学研究等，把握了青年教师培养的关键要素；同时，将青年教师分为青苗和骨干，并制定了详细的对象、目标、内容和方法，很有针对性。

建议进一步加强对青年教师，特别是青年骨干教师现状的深入调研和分析，明确青年骨干教师的发展需求，找到培养的切入点，进而明确培养目标，制定切实可行的培养措施。此外，在培训内容和方式上可以进一步细化，目前的内容和方式有些笼统，不利于操作和考核，可以对培养方案进行阶段的划分，明确不同阶段的培养目标和重点，使得培训更加有针对性，更加切实可行，更加有效。同时，要增加考核、评价部分，保证规划的有效实施。

第三章　成就教师的专业
——园长提高教师队伍质量能力的提升

想一想

我是新手幼儿园的园长，虽然曾经也是一位优秀的教师，在保教主任管理岗位上也做得不错，但是面对这样一个全新的职位和环境时，还是有许多的手足无措，苦恼、焦虑、不解随之而来。

我深知教师是立园之本，是幼儿园的主体，教师的专业化水平决定着幼儿园的教育教学水平。因此，提升教师队伍质量显得尤为重要，要实现幼儿园的发展，就要充分调动教师工作的积极性和主动性，进而提升教师队伍质量。但是，在实际的工作中却时常听到教师抱怨保教工作多么繁重，精神压力多么巨大……同时，在活动中也会看到一些不和谐的“现象”，有时出现在师德中，有时出现在业务能力上，有时出现在偶发事件中……

作为新手园长，我希望教师们能在学习与工作中体验到成长的快乐，感受到职业的幸福，对工作有激情、有干劲、有追求，并将这份幸福与快乐传播给幼儿。

——某幼儿园园长工作手记

教师每天面对的都是一个个鲜活的生命，要珍惜自己作为教育管理者的机会和权力。教师不仅传递给幼儿知识和技能，还培养幼儿健康的身心、敏锐的观察力、全面的思维力、多元的创造力等，养成其良好的生活、卫生、交往、学习习惯。因此，与其说教师的工作是完成教育工作，不如说是完成育人的过程。同理，园长要做的工作不仅是教会教师教育的方法，还要全面提高教师的素质。园长在教师专业发展中更重要的角色是发展规划的设计者、专业成长的指导者、事业发展的促进者。

幼儿教师是幼儿教育的主力军，是制约幼儿身心发展的重要因素，幼儿教师队伍的质量直接影响着幼儿园教育的质量。园长要具有一定的教师队伍质量提升的能力，进而成就教师的专业发展。教师的身份定位与职业定位，意味着成就教师的专业发展，更能够体现教师的专业价值，进而提升教师队伍整体的质量。因此，成就教师，最核心的就是让教师在专业发展的道路上有成就感、有价值体现。

第一节　提升教师队伍质量

在国内，幼儿教师队伍质量的高低，取决于其是否具有良好的职业素养，是否满足《幼儿园教师专业标准（试行）》的要求。《幼儿园教师专业标准（试行）》是幼儿教师应该达到的基本要求，包括正确的教育观、儿童观、职业观，良好的个性品质、职业道德素养，完备的专业知识和技能结构。

幼儿教师的自我意象，影响着幼儿教师的自我认同和职业认同。自我意象，就是自己对自己的认识、分析与定位，它代表着对自己的评价、要求及自我价值的认定。幼儿教师关注自我意象就是关注自己的身份认同和职业认同，幼儿教师身份认同和职业认同的程度影响幼儿教师自行遵从幼儿教师行为规范准则、坚守教师职业的程度。因此，帮助幼儿教师建立良好的自我意象，是提升幼儿教师队伍质量的动力。

一、教师队伍质量提升的已有研究和认识

（一）我国教师队伍质量发展的背景

早在1966年，联合国教科文组织与国际劳工组织就在《关于教师地位的建议》中提出：应当把教师职业作为专业职业来看待。1994年开始实施的《中华人民共和国教师法》规定，教师是履行教育教学职责的专业人员，第一次从法律的角度认定了教师的专业地位。1995年，国务院颁布《教师资格条例》；2000年，教育部颁布《教师资格条例》实施办法，教师资格制度在全国开始实施；2000年，《中华人民共和国职业分类大典》将职业科学归并为八大类，并明确教师属于“专业技术人员”一类。2001年4月1日，教师资格认定工作开始实施，这标志着我国教师职业开始向着专业化的方向发展。

（二）幼儿教师队伍质量提升现状

当前幼儿教师在社会中的专业认可度并不高，人们更多地把幼儿教师看作一

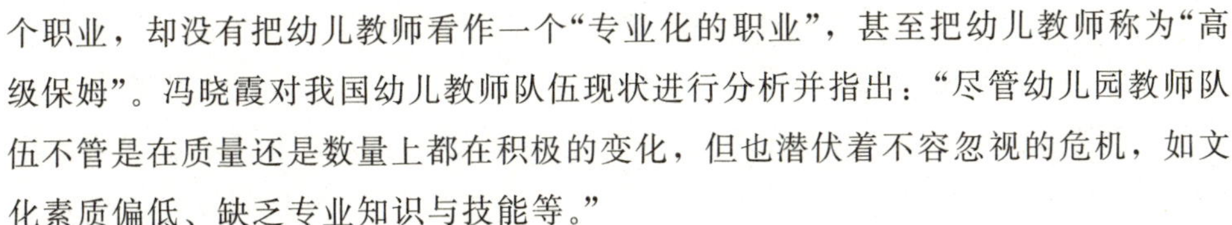

个职业，却没有把幼儿教师看作一个“专业化的职业”，甚至把幼儿教师称为“高级保姆”。冯晓霞对我国幼儿教师队伍现状进行分析并指出：“尽管幼儿园教师队伍不管是在质量还是数量上都在积极的变化，但也潜伏着不容忽视的危机，如文化素质偏低、缺乏专业知识与技能等。”

(三)提升教师队伍质量的原因分析

幼儿园教师队伍质量的高低取决于教师队伍的优劣。只有教师的教育生命焕发出生命力，才能实现对幼儿生命的培养与塑造。作为园长，在管理中应如何认识教师专业发展中存在的问题呢?

鉴于当前幼儿园教师专业发展的现状，许多学者进行了深刻的分析，认为造成该现象的原因大致有以下几种。

第一，从教师自身看，教师有其自身的特殊性，自主专业发展的意识不足，知识更新较慢。

第二，从幼儿园内部看，有的幼儿园管理较封闭，教师在班时间长，工作强度大，承担责任重，人文环境不协调，园所专业发展活动形式化、低效化等因素制约教师的专业发展。

第三，从整个社会看，幼儿教师的专业地位还没有形成共识，社会公众对幼儿教师职业的认可度和期望值偏低。

(四)园长对教师队伍专业成长的理解

教师队伍质量的提升，关键在于教师专业化的发展。教师职业从经验化、随意化到专业化，经历了一个发展的过程。新时期对教师的要求不仅是有知识、有学问，而且要有道德、有理想、有专业追求。优秀的园长不仅懂得领导教职工开展日常保教工作，还要灵活地运用多种管理手段促使教师队伍专业成长。

目前，中国的教育改革日新月异，幼教改革更是突飞猛进，陈旧的办园理念、教学模式，必然被社会淘汰，在竞争中求生存，在创新中求发展，已经成为幼教界的共识。园与园之间的竞争如同拔河比赛，决定胜负的关键不在场地和队员的体重，关键在于指挥者能否激励队员团结一心，鼓足干劲儿，把队员的力量合理地集中在一起，全身心地投入，忘我地为队员摇旗呐喊，科学地指挥才能赢得胜利。

在我国，幼儿教师学历普遍偏低，在职前培训力度不够的情况下，教师专业化只能靠职后的培训和学习来弥补。因此，作为园长，要特别注重教师职后的学习与培训。

教师的专业成长并不是某个人成长为骨干教师，而是每位教职工的专业化和精英化。引用一位园长自己说的话："大家好才是真的好。"因此，教师的培训与教师真正的需求紧密结合，采用"请进来""走出去"等多种方式进行，在团队管理中，为教师专业成长开路子、搭平台、压担子、建舞台，让教师们去充分锻炼与发展。

二、提升教师队伍质量的重要性

良好的幼儿教育是教育的基础，是国家振兴的重要基石。教师是幼儿最直接的榜样，所以建设良好的教师队伍是幼儿教育的良好开端。

纵观美国早期教育质量提升的发展历程，在过去的40多年里，美国在早期教育质量提升方面取得的成效显著，可归功于人们对早期教育价值认识的不断深入。推动美国早期教育质量提升的要素，非常重要的一点就是教师队伍建设。20世纪70年代中期，美国提出教师专业化的口号；1986年，卡内基教育促进会发表了《国家为21世纪准备教师》的报告。这份重要的报告提出，确立教师的专业地位，培养教师使其达到专业化的标准，进而提高教师教育质量。

日本在1971年通过的《关于今后学校教育的综合扩充与调整的基本措施》中指出教师的职业本来就需要极高的专业性，强调应当确认、加强教师的专业化。在英国，20世纪80年代末便建立了旨在促进教师专业化的校本培训模式。我国的香港、台湾分别从20世纪80年代后期开始加大教师专业化教育制度的改革，教师专业化成为整个社会的共识。

在我国，党和国家历来把教师队伍的建设放在十分重要的地位。《规划纲要》中第四部分第十七章指出，要加强教师队伍建设，并系统推出加强教师队伍建设的有力举措，不断打造一支师德高尚、业务精湛、结构合理、充满活力的高素质专业化教师队伍。

在《规划纲要》实施5周年之际，国家教育咨询委员、北京师范大学资深教授顾明远谈道："办好教育需要许多条件，最重要的是要有高质量的教师队伍。"他说："《规划纲要》的制定是我国教育史上的一件大事，促进公平、提高质量是教育改革发展永恒的主题，而教师队伍建设正是促进教育公平、提高教育质量的关键所在。"

因此，提升教师队伍质量是园长应具备的核心能力之一。在教师队伍管理中，既要留人，也要留心，既要提高教师当下的专业水平，又要着眼教师未来的发展，打造优良师资，促进幼儿教育质量的提升。

三、提升教师队伍质量的意义

提升教师队伍质量，关键是抓好教师专业化发展，为提升教育质量提供有力支撑。教师队伍质量的提升与教师个人成长密切相关，因为专业化的发展是教师成长的重要基础。在日本、欧美等发达国家，大学毕业后还要经过教育学、心理学教育才能获得教师资格，在我国，教师也必须持有教师资格证才能上岗。

一所幼儿园，可能房子很漂亮，玩具很先进，但是没有好的教师队伍，其教育质量也不会高，孩子也不会喜欢，家长也不会满意。课程的执行者是教师，有再好的理念、内容，但是没有好的教师队伍，课程改革也搞不好。所以，提高教师的专业化水平，提升教师队伍质量，不仅是教师个人成长的事情，也是幼儿园发展的迫切需求。

（一）提升教师队伍质量有助于幼儿的发展

幼儿园教育是基础教育的重要组成部分，是我国学校教育和终身教育的奠基阶段。教育的最终目的是促进幼儿的发展与进步，只有通过教师的发展才能促进幼儿的发展。没有教师的发展，就没有幼儿的发展。提升教师队伍质量不仅有利于新课程的改革与发展，更有利于教师的不断学习与成长，有利于幼儿的发展与社会的进步。

（二）提升教师队伍质量有助于加速教师个人成长

教师的发展是从接受师范学校教育的学生到初任教师，再到有经验教师、专家型教师持续发展的过程。教师的专业成长，是不断反思、不断提升、不断创新的持续发展的过程。

教师不仅要具有良好的职业道德、学科知识、教育教学能力，还要成为研究者、合作者、沟通者。幼儿园努力提升教师队伍质量即教师队伍专业化发展，固然就要造就一支优秀的教师队伍，以担负起幼儿园发展的重任，实现每一位教师的人生价值。

（三）提升教师队伍质量有助于团队凝聚力的形成

幼儿园有没有凝聚力，有没有向心力，有没有战斗力，关键是教师，而教师的力量从教师的发展来。凝聚力的提高，让人觉得积极向上，不断有创新，不断有成就感，不断有新的成绩。这里所说的发展，就是在教育岗位上的专业的发展。

幼儿园是教师发展的场所，应当具有使教师获得持续有效的专业化发展的功能。教师的专业化发展必须在教育实践中才能实现，教师在职前主要学“教什么”，而“怎么教”则需要在工作中反复实践、学习。因此，园所要营造稳定、有序、积极向上的工作和专业成长环境，这样才能使所有参与幼儿园教育过程的人都得到发展。因此，关注教师专业发展，教师队伍质量提升是形成一个具有凝聚力的团队的关键。

(四)提升教师队伍质量有助于幼儿园可持续发展

教师问题是关系教育事业发展的核心问题，百年大计，教育为本；教育大计，教师为本。《规划纲要》把“加强队伍建设”作为首要保障措施，凸显教师队伍建设对推动国家教育改革发展的重要价值与意义。幼儿是祖国的未来与希望，作为幼儿教育的承担者、实施者，教师队伍结构状况，很大程度决定着幼儿园教育质量的高低。因此，作为幼儿园的管理者，一方面要积极引进高学历人才，提升幼儿教师队伍整体素质；另一方面，要结合园情，不断优化教师队伍的年龄结构，建立一支老、中、青比例合理的教师队伍，保证幼儿园持续健康发展。

第二节　提升教师队伍质量的实施原则

园长在提升教师队伍专业化发展过程中，为实现“目标明确、合理规划、稳步推进、全面提高”的目标，要在实践中坚守一定的实施原则。

一、坚持师德为先

学高为师，身正为范。没有明确的奋斗目标、高尚的师德和良好作风的教师，很难育人。因此，作为园长要坚持以德为先、以德树人。“德”，指的是教师的职业道德、个人品德、社会公德等。要促进教师的专业成长，首先要调动教师自我成长的内驱力，用学习塑造自己，用行动证明自己，用思想武装自己。

(一)忠诚事业、爱岗敬业是师德建设的基石

教师的政治态度、政治方向、立场与教育目的紧密相连。因此，忠诚党和人民的教育事业应该是教师具有高尚师德的出发点，也是教师道德自我完善的最高精神境界。

(二)服务人民、无私奉献是师德建设的灵魂

教师的“敬业”不仅指热爱教育事业，更重要的是教师要为教育事业尽职尽责。教师劳动的本质特征在于奉献，教师道德的不朽灵魂也在于奉献。

（三）热爱幼儿、教书育人是师德建设的核心

“师爱”是教师职业道德的核心和精髓，是完成教学任务的有效保证。

（四）以身示范、为人师表是师德建设的要求

教师要承担教书育人的神圣职责，必须以身立教，为人师表，各方面做好表率。

二、坚持以人为本

要想把一所幼儿园办好，领导者必须致力于创建一个有凝聚力又有成效的工作集体，坚持以人为本的管理观念，以人为本需要管理者有敏锐的眼睛，从一般中发现特殊，从平庸中捕捉非凡。在每一位教育工作者身上发现闪光点和不同点，让每一位教师体验到自身的价值。

坚持以人为本，幼儿园首先要回答“为了谁”的问题。无疑，园所一切工作的出发点和落脚点都是为了幼儿，而促进幼儿成长的关键在教师。因此就需要做到以下几点。

（一）依靠

依靠就是在幼儿园的工作中依靠所有的教职工，有了困难依靠他们的力量共同解决，有了成绩与他们共享。

（二）信任

信任就是对教职工要充满信心，尊重他们，关心他们，有事与他们商量，对他们进行关怀，把他们的困难当成自己的困难，使每个工作人员都感到在这个集体中生活和工作很温暖，有安全感。

（三）培养

培养就是要给教职工创造条件，使每个人都有机会发挥自己的才干和特长。因此，园长要了解每一个职工的个性特点，特别是了解他们的能力和能力发挥的动力因素，只有这样才能因人而异地进行管理，充分发挥每个人的特长。

三、坚持质量为先

园长要坚持“立足日常，提高质量”的原则，把提升教师队伍质量和提高办园质量紧密结合起来，在幼儿园工作中坚持做小、做细、做实、做精的精神，狠抓教师专业基础，培养专业理论和专业能力扎实的教师队伍，开展以规范化、全员化、自主化、常态化为特色的日常教育工作，促进幼儿园整体办园质量的提升。

案例　以科研助教学，以科研促管理，向科研要质量[①]

无锡市南长街小学校长陆菊芬常说，有着多年办校历史的南长街小学就像一棵枝繁叶茂的玉兰树，她从玉兰树的片片绿叶和阵阵芬芳中读懂了教育事业在她生命中的全部意义。

熟悉陆菊芬的人都知道，她崇尚科学，将教育科研紧紧结合到自己的办学全过程之中，并形成了“以科研助教学，以科研促管理，向科研要质量”的办学理念。陆校长说：“办学要坚持战略同心圆策略，要坚持学校工作紧紧盯住圆心——教育科研。”1995 年，南长街小学启动了教学科研课题，以教学科研作为学校发展的突破口，并提出：“办学就要办有灵魂的学校，将教师培养成有学识、有底气的教师。”

教育科研的实施转变了教师观念，陆校长对教育科研的亲力亲为更是激发了教师从事科研的热情。

如果说教育质量就是园所的生命，那么教师队伍的专业性就是源源不断的“血液”，血液质量不好，生命质量也就无从谈起，“生命体”便失去了意义。同样，没有质量、没有对高质量的追求，园所也就没有了生存的空间，也就失去了办园的意义。要经营好教育，首先要保障教育质量。

第三节　提升教师队伍质量的实施途径与方法

园长对幼儿园和教师发展的作用至关重要，从某种意义上说，一个不重视教学质量的教师不是一个称职的教师；一个忽视教学质量的园长，不是一个负责任的园长；一个没有教学质量的幼儿园必将得不到社会的认可。因此，我们的园长、领导班子成员一定要沉下心来抓管理，要深入教学一线，深入班级，深入幼儿，研究教学，研究质量，促进教师队伍质量的提升。

一、重视师德建设，提高教师道德素质

百年大计，教育为本；教育大计，教师为本；教师大计，师德为本。所谓师

① 杨永昌．名校长的高绩效领导力[M]. 北京：九州出版社，2006.

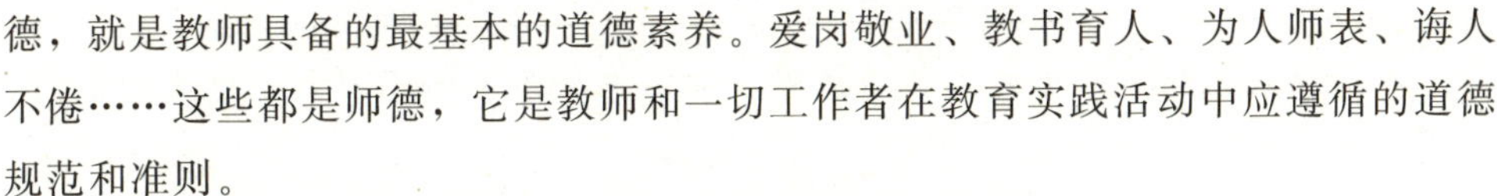

德，就是教师具备的最基本的道德素养。爱岗敬业、教书育人、为人师表、诲人不倦……这些都是师德，它是教师和一切工作者在教育实践活动中应遵循的道德规范和准则。

（一）增强师德建设思想认识，形成教师的道德情操

良好的师德修养是促进教师自我完善的必要条件，是培养一代新人的可靠保证。教师的信念、思想认识与修养，对幼儿未来的发展、科学文化素质的提高，都起着十分重要的导向作用。因此，增强师德建设是新教师入职教育不可或缺的部分。

（二）开展师德建设系列活动，陶冶教师的道德情操

形成党政领导齐抓共管的良好格局，各种活动是加强师德建设的有效载体。组织主题鲜明、构思精巧的活动可以为广大教师树立榜样，增强教师的荣誉感和使命感。在以教育为基础，以规范为核心，以机制作保证，以各种丰富活动为载体的良性循环下，通过齐抓共管，一定能建立起“政治坚定、思想过硬、师德高尚、精于教育”的教师队伍。例如，大力宣扬和表彰教师队伍中涌现出的模范人物和先进典型，对师德高尚、教书育人成绩显著的教师可给予政策上的倾斜（为他们进行继续教育和创造学术研究的机会和条件）。要引导广大教师向“博学多才”和“师德高尚”的教师学习，认真总结自身师德修养的经验、成绩与不足，提炼自身师艺与师技，如政治学习、党团活动等，明晰职业伦理模范，敢于承受压力，应对工作中的各项挑战，坚持自我反思与评价。

案例 启迪教师积极的思想认识和态度

要把幼儿园建成教师的精神家园，就要了解教师的精神世界，关注教师思想深处、心灵深处的需求，只有激发教师思想层面的自主，才更能唤起教师内心深处的自主意识，进而表现在工作实践当中，对幼儿的认识、行为产生积极的影响。

我们坚持以研究的思路开展党建工作与思想政治工作，通过调查分析，研究教师在思想层面的需求，了解教师的思想认识水平，开展以教师自主参与为主的、形式活泼多样的“政治学习”“道德讲堂”“感动北幼”等活动，达到自我教育、自我启迪、自我超越的目的。其中，党建创新项目——首席教师工作室的研究与实践，凝聚教师团队力量，发挥园内学习共同体的力量，通过调动教师在小团队中的自主意识，使教师将这种自主意识传递、辐射到大团队中，营造积极的团队氛围，并向全区进行开放展示。

北海幼儿园的教师平时工作很辛苦，他们承受的工作压力大，但他们不顾个人得失，将家庭利益放在其次，努力做好幼儿工作和家长工作。作为管理者，我在问自己，我满足于教师们这样的工作和生活状态吗？答案是否定的。如何找到每一位教师事业发展与家庭幸福之间的平衡点，如何让教师们生活更幸福，工作更快乐呢？于是，我提出要让教师成为称职的女儿、儿子，称职的妻子、丈夫，称职的母亲、父亲，称职的教师，称职的公民，称职的自己，做到这六个称职，从而实现每个人的幸福人生，这就是“6＋1”幸福模式。这是我们落实“双快乐，双发展”理念的重要举措，是我们给教师的承诺，更是对自己工作提出的要求。幼儿园党政工团开展“快乐同行”“心理减压”“养生讲座”“教师社团”等活动，使教师愉悦身心、快乐工作；此外，我们在教师生病、生育期间进行探望，为教师子女解决入学等问题，解决教师的后顾之忧，支持教师做好多重角色的称职，进而实现幸福人生。

（本案例由北京市北海幼儿园提供）

丰富的活动，不仅有利于凝聚教职工情感，同时也体现园所管理的一种文化、一种倡导。

（三）树立师德建设常抓不懈意识，永保教师的道德情操

师德建设是幼儿园精神文明建设活动的重要组成部分，需要常抓不懈，通过多种师德教育活动，引领教师积极参与创建活动并在开展活动过程中建立和健全激励机制，使师德建设充满生机和活力，增强教师的道德责任感和健康的心理素质。

二、完善培训机制，支持教师专业发展

当前，我国教育正处于一个重要的发展时期，在重视教师专业成长的背景下，不断完善幼儿园教师培训机制，对提高教师整体素质和教师队伍质量具有重大意义。为此，园长要坚持做好教师培训工作的指导与管理工作，通过明确职责，形成机制，为有效支持教师的专业发展创造有利的条件。

（一）培训的理念和目标

观念是行动的先导，园长要树立起“幼儿园是教师成长与发展的学校”的理念。作为伴随教师职业生涯始终的幼儿园，应与广大教师共同努力，积极寻求让教师自身确立专业发展的理念并促进其发展。

目标是人活动所追求的预期结果在主观上的超前反应，是对活动结果的一种预期。面向教师专业发展的在岗培训就是要建立以教师专业发展为目标的学习共同体，创建一支能够适应幼儿园可持续发展需要的主动研究和学习型的教师队伍。教师的专业发展离不开自我反思、自我更新、自我超越的独立学习，也离不开园所组织(团队)的学习。在这个组织中，大家有着共同的目标与理想，注重学习与工作相促进；进行现状调查与分析，制订解决问题的思路与对策，使学习与工作紧密结合起来。

(二)培训的主体与对象

1. 培训主体

面向教师发展的培训主体具有广泛性，包括园长、本园教师、外聘专家(包括大学教授、培训机构及上级教育行政部门)，培训需要一支稳定的、高素质的师资队伍，因此，幼儿园与大学及其他培训机构之间的合作交流是教师专业发展的必由之路。另外，园所之间的交流与合作也是教师专业发展的在岗培训方式之一。

2. 培训对象

在岗培训的对象囊括了幼儿园所有年龄层次的教师，包括新教师、青年教师、骨干教师、资深教师。教师专业发展是一个动态的、复杂的发展过程，在各个阶段需要的外界帮助是不同的，只有符合教师专业发展规律的培训才是最有效的。

(三)培训的内容

在职教师的教育培训更注重在教育现场的园本培训，强调反思培训模式，将教师的工作、学习与研究结合起来，注重培训内容的整体性、针对性和实践性。培训内容应该多维度、多层次，从维度上看，培训内容一般包括知识、能力、态度等方面。

在相关学术研究中，教师的在岗培训细化为专业知识、专业技能、专业情意三方面。

有研究表明，教师知识从其功能出发呈现出不同的结构成分，具体如下。

本体性知识：教师所具有的特定学科知识，如语文知识、数学知识，是教师从事教学所拥有的基础知识。

条件性知识：教师所具有的教育学、心理学知识，这是教师从事教育教学的必要条件，是教师专业区别于其他专业的标志，需要经过实践、体验和内化。

实践性知识：教师在面临实现有目的的行为中，所具有的课程情境知识及与之相关的知识，这方面的知识与教师教育经验的积累密切相关。

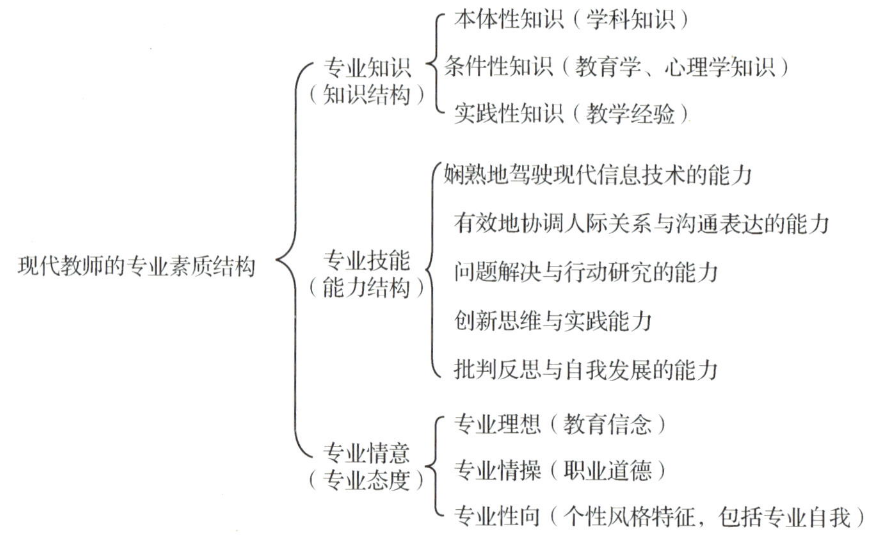

图 3-1　现代教师的专业素质结构①

要提升教师队伍质量，使教师教育取得应有的效果，必须采取适当的方式注重三类知识的结合。

（四）培训模式和手段

形式是为内容服务的，要根据不同的培训内容选择最佳的培训方式，要呈现灵活性与多样性的特点。

相对于传统模式，教师教育培训的反思模式是将理论与实践紧密联系，将教师的行动与研究反思相结合。这种“做中学、研中学”的培训模式对教师专业成长具有重要的意义。

大力加强教师在岗培训的同时，还必须根据教师专业发展的实际需要及各地的实际情况，灵活采取不同的培训模式，让各个层次的教师都有培训的机会。

1. 订单式培训与菜单式培训相结合

订单式培训指园所根据幼儿园的长远发展需要和教师队伍情况安排的培训内容；菜单式培训指教师根据自身需要向园所提出的培训需求。

① 于国妮．面向教师专业发展的校本培训研究[D]. 上海：上海师范大学，2004.

菜单式培训与订单式培训相结合的方式是遵照“缺什么、补什么”“需要什么、培训什么”的原则，尊重教师的实际需求，让教师主动地参与到培训中，发挥教师学习的主动性与积极性。

2. 按需培训与集中培训相结合

按需培训旨在根据教师的实践需求，开展具有针对性的个性化培训活动；集中培训旨在因某种需要集中提高教师的水平，如因课题开展对教师进行高密度的集中培训。

 **资料链接**

如何做到按需培训①

一、关注需求

需求调研和需求分析是培训的首要环节，它为确定培训目标、设计培训内容、选择培训方法、评价培训效果等各个环节提供了基本依据。

二、把握需求

问诊把脉，真正解决好“为什么培训”“培训谁”“培训什么”“如何培训”“要达到的效果”等核心问题：①对政策性需求的把握，如教师专业发展标准等；②对幼儿园组织发展需求的把握，如与园所急需教师对接、与园所对教师的能力要求对接、与园所组织发展规划对接等；③对教师个体需求的把握，满足教师专业发展的个性化需求，如入职阶段教师的需求、成长阶段教师的需求、发展阶段教师的需求、成熟阶段教师的需求等。

三、满足需求

参训的教师都是带着问题来的，同时也希望通过培训达到提高能力、丰富经验的目的。因此，培训模式的选择应丰富多样，相互结合，满足参训教师的需求。

3. 分层培训与层级互动相结合

在教师培养中，虽然我们要坚持分层培训，以提高教师培养的针对性与实效性，但是层与层之间并不是完全孤立的，还要加强层级之间的合作与互动，借此培养高层次教师的指导能力。

① 黄大全．重视教师培训，实现按需施培[J]．甘肃教育，2014(8)：22.

资料链接

分层培训，个性支持

师资队伍建设，需强化教师专业发展的自觉性、实践性与层次性，坚持“分层培训、分类激励”。面对教师的基础和水平不一，潜能和发展方向不同，学校可采用“因材施训”的方法，对不同层次和不同发展前景的教师进行“梳理”和“指点”。根据教师的不同情况，将教师分成“入格”培养层、“升格”培养层和“风格”培养层三个层次，制定出各自相应的培养目标、实践要求和行动策略，以合理分类开展专业培训。

新教师“入格”培养，旨在使新教师缩短“磨合期”，尽快成为合格的教师。具体办法为：①引导新教师做好角色转换，为他们提供各方面的培训；②抓好课堂教学常规，在备课、上课、听课、评课等方面进行专题讲座，并面对面地进行指导；③实行师徒结对的“青蓝工程”，每位新教师自拜“教学师傅”，并签订“师徒合同”，每学期量化考核。同时搭建教学基本功比赛的平台，引导青年教师参加各类展示课等活动。目前学校有十几位新教师处于“入格”培养阶段，他们在带教老师的专业引领下，在学校搭建的各种平台上，通过自身努力，快速成长起来，有的已在教坛崭露头角。

入门教师“升格”培养，有教科研特长的教师参加课题研究，安排骨干教师带教，创设条件，优化培训环节；对事业心强、有培养潜力的青年教师进行重点培养，让他们参加区、市教学展示观摩、研讨培训。目前学校五十多位教师参加“升格”培养，促使他们快速成长为署、区级骨干教师。

骨干教师“风格”培养，旨在倡导和提升骨干教师的教学风格。具体做法如下：①以科研为先导，骨干教师进行教育科研，结合自己的教学特长确立课题，学校在智力投资、经费援助上给予一定支持；②安排带教任务，发挥示范引领作用。

（资料来源：分层培养以促进教师自主发展　全面培训以提高教师整体水平. 文汇报，2012-02-15，有改编）

分层培养满足不同教师的提升需求，不同培训方法也为教师提供发展的路径。

4. 参与式培训与讲座式培训相结合

一方面，采用参与式培训，教师本人参与到培训当中，自己培训自己，共同学习，共同提高；另一方面，结合教师实践中的共性问题，聘请相关领域的专家开展讲座式培训，提升教师相关的知识水平。

培训方式相结合既能让参培教师快捷、准确、系统地掌握相关的理论知识，又能让参培教师深度参与和体验，有利于促进理论与实践相结合、知识与操作相结合，还能有效提升参培教师在工作学习中与同事团结协作的能力，不失为一种行之有效的好方法。

总之，讲座式培训与参与式培训都是很重要的培训方式，我们不能顾此失彼，应该灵活地运用，努力提高其培训质量，使培训工作更具实效性和高效性。

三、完善教师管理机制，调动教师工作积极性

幼儿园各项管理制度，是幼儿园全体成员共同认可并自觉遵守的行为准则，是幼儿园办园经验的结晶和反应，对规范教育教学秩序，达成办园目标起保驾护航的作用。建立、健全各项规章制度是调动教师工作积极性的保证，也是幼儿园实现规范化管理的起点。

(一)健全教师考评制度，量化教师业绩

健全的教师考评制度能发挥激励导向作用。对教师的考评是在系统的、科学的和全面搜集、整理、处理和分析教育信息的基础上，对教育价值作出判断的过程，目的是提高教育质量。考评从改进和提高幼儿园工作着眼，通过评价对象正在进行的工作和学习，完善自我、不断发展；目标是考评的基础，过程是考评的重点。

过程中要灵活运用不同的考评类型，如自我评价与外部评价相结合、过程性评价与结果性评价相结合等。可建立教师专业发展电子档案，有机整合绩效考核、岗位等级考核、年度考核，变结果型评价为发展性评价，增强教师评价的真实性、过程性、有效性。积极推进教师自我评价，建构教师自主学习、自我反思、自我改进、自我超越的发展机制。改进评价方式，常态化地组织幼儿、家长满意度测评，综合运用教师互评、行政评价等多元化评价方式。

资料链接

重视教师的日常工作质量评价①

业绩评价倾向于在某个时段给教师的业绩和能力下一个结论，这对于教育质量和监控有重要作用。一般来说，业绩评价与教师的名誉及利益是相关的。教师发展评价的目的是对教师的工作给予反馈，改进或完善教师的教学，明确个人的

① 赵希斌．国外发展性教师评价的发展趋势[J]．比较教育研究，2003(1)：72～75.

发展需求和相应的培训，提高教师的能力以及促进其完成目前的任务或达到将来的目标。

对教师的日常工作做评价，大多是发展性评价，它应该给教师提供进步的空间和动力，允许教师存在不足和缺陷，它所关注的不是给教师当前的能力和水平下一个结论，而在于帮助教师诊断问题并帮助教师改进。个体发展和业绩目标之间可能存在着矛盾和冲突，教师评价要成为将个体发展与业绩目标的实现进行整合的一种手段，使教师在完成业绩目标的同时，成为实现个体发展的过程。一个好的评价能帮助教师将个体发展和业绩目标协调起来，发掘教师的潜能，提高他们的自尊和自信。

（二）落实岗位职责制度，激励教师岗位成才

教师要树立"对本岗负责"的意识。明确岗位职责，才能使教师工作有章可循，保证园所各项活动的正常秩序，提高工作效率，使工作走捷径不走弯路，最大限度减少教师的受挫机会，使教师不断饱尝成功的喜悦，工作呈现最佳状态。

案例 规范岗位职责管理①

幼儿园的教育、保育、膳食三大主岗的工作质量评价标准，都包含着工作职责是否尽到、规章制度是否落实的内容。围绕各岗工作质量的评价标准，分别由评价人员对其工作质量情况进行评定，每月100分的工作质量情况直接与当月绩效工资挂钩；每月工作质量的得分情况与年度考核挂钩，占年度考核成绩的60%；每年的年度考核成绩与一年一度的职称评定、教师评优及两年一次的职称聘任挂钩。

实践证明，规范有序的岗位职责管理，能促进教职工工作的积极性、主动性和创造性的发挥，能使每位教职工实现工作责、权、利的平衡统一，有利于形成和谐进取、优质高效的团队。

有了明确的职责，就明确了需要去完成的工作内容以及应当承担的责任范围，才能提高内部竞争力，更好地发现和使用人才，提高工作效率和工作质量。因此，落实各岗职责，是激励教师岗位成才的先决条件。

---

① 朱家雄，张亚军．给幼儿园园长的建议[M]．上海：华东师范大学出版社，2010.

四、促进教师专业化发展，提升教师队伍质量

(一)通过多类教师培训，不断提升教师专业发展水平

开展多类教师培训，如入职培训、园本培训、信息化培训、骨干教师培训、青年教师培训等，有目的地提升教师的教育观念及理论知识，实现专业成长。

案例　园级培训

新教师步入工作岗位对自己的职业道路无比憧憬，但他们有教师之“名”，却缺少教师之“能”。因此，园级有针对性地开展培训活动可以有效地帮助新教师掌握一定的教育理念、教育技能，从而更快、更好地适应工作的需要。

一、园级骨干培训模式

骨干教师是一个园所的中坚力量，他们的师德、学识和专业、教育教学质量、教育科研能力都在园所的各项工作中发挥着引领作用。合理利用骨干教师的资源，充分挖掘骨干教师的能力，是园级培训得以开展的保证。如何利用骨干教师有效地开展园级培训，形势良好的培训模式引发了我园深入的思考。在借鉴西北师范大学刘智明、郭绍青提出的“校本培训系统”概念的基础上，产生了我园园级骨干培训模式。该模式把园级培训看作一个系统，园长、骨干教师、新教师是构成系统的要素，通过这三种要素间的相互影响、耦合联系使系统形成一个维持稳定的金字塔结构，保持空间结构上的完整性。园长位于金字塔顶部，骨干教师位于中间，新教师位于塔底(如图 3-2)。这三者在园级培训中相互作用、相互联系，构成一个不断循环的动态系统(如图 3-3)。

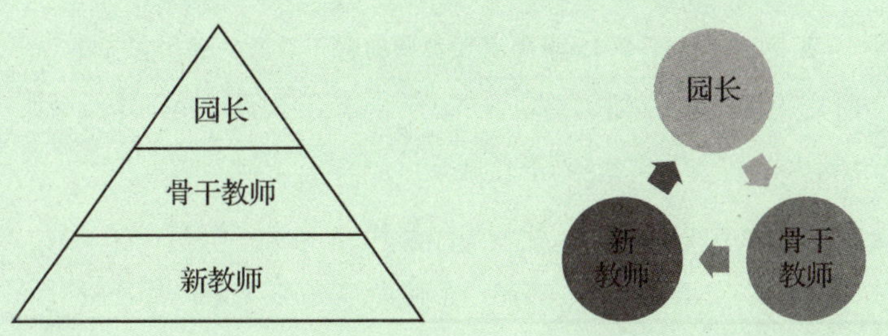

图 3-2　园级培训中的不同位置　　图 3-3　园级培训动态循环系统

在园级培训准备期间，园长与骨干教师合作制订培训计划，新教师及园长提出培训需要。在园级培训时期，新教师与骨干教师之间通过培训的组织形式、学习内容、培训安排、培训过程等方面发生联系与互动；新教师向园长反映人员安排管理、培训建议、培训情况等；骨干教师与园长交流培训的进度、培

训强度、新教师的学习状态等情况。培训结束后，要对下一次培训做准备，而不是静态意义上的终结。骨干教师要通过新教师的反馈信息正确评价自我，反思培训中的问题，提升自己的培训能力；新教师将培训中学到的知识与技能在骨干教师的帮助下，不断地巩固、提升；骨干教师与园长对培训效果和今后的改进进行交流。利用这样的培训模式，我园开展了多项园级骨干教师培训活动，以及新教师向骨干教师约课的活动，达到了既培养了新教师，又锻炼了骨干教师的双重目的。表 3-1、表 3-2 为我园 2014—2015 学年度进行的新教师培训和向骨干教师约课活动的安排。

表 3-1　2014—2015 学年度对新教师开展培训内容安排

2014—2015 第一学期		2014—2015 第二学期	
培训内容	骨干教师	培训内容	骨干教师
环节过渡中的问题	韩鸫	过渡也精彩	赵春艳
让幼儿在有效、适宜的环境中快乐成长	华冬梅	实用游戏创编	王晨
让幼儿接纳自己	李蓉	歌唱教学	孙秋
区域活动中的观察与记录	赵春艳	走进孩子的世界	张妍
个别幼儿的指导	张雪莲	反思促成长	齐彤
区域游戏评价与反思	魏天骄	幼儿表演活动的设计与组织	安昕
如何做好家长工作	于瑾		

表 3-2　2014—2015 学年度新教师向骨干教师约课内容安排

2014—2015 第一学期		2014—2015 第二学期	
约课内容	骨干教师	约课内容	骨干教师
戏剧表演《国王的礼物》	齐彤	美术《水墨对印蝴蝶》	韩鸫
美术《拓印牡丹》	韩鸫	体育《轮胎变变变》	齐彤
大班室内体育《好玩的钻爬游戏》	安昕	小班律动《四肢游戏》	孙秋
语言《小侦探大冒险》	华冬梅	区域游戏开放	赵春艳
音乐游戏《猫捉老鼠》	于静	数学《摄影展》	李蓉

二、合理有效的课程建设

合理的课程是有效开展培训的保障，针对新教师理论基础薄、经验少、能力弱等特点，开展以满足需要、解决具体困难、多体验、多实操为主要形式的培训活动。总结我园对新教师园级培训的活动，主要有以下几个特点。

(一)内容源于需要

新教师在入职后会有这样或那样的困惑，需要有人为他们解答。在园级培训活动中，我们先针对新教师开展了一次调查，旨在收集新教师的困惑与需要，以便有针对性地设计培训课程，也让培训的实效性更有保障。

(二)课程覆盖广

在园级培训中，包括新教师提出的培训内容在内，我们先后开展了环节过渡、环境创设、家长工作、师幼关系、区域游戏、幼儿表演、歌唱教学、实用游戏、反思能力、师德培训、保育实操等方面的内容，内容覆盖各项幼儿园工作领域。在这些内容中，还涉及观察能力、游戏组织、游戏评价、活动设计、游戏创编等教学能力方面的培训。

(三)培训情境真

新教师缺乏实践经验，为确保培训活动符合新教师这一时期的特点，在开展培训时要求培训者尽可能为他们提供感性认知的机会。例如，在“歌唱教学”培训活动中，培训者用图文并茂的方式让新教师认识到教师在开展歌唱教学时应如何正确地唱歌；用图文对比的方式帮助新教师理解歌唱活动中如何使用图谱帮助幼儿记忆歌词；让新教师以幼儿的身份，参与到音乐游戏中，感受音乐游戏开展与组织的方法。在“游戏创编”的培训中，教师以一首儿歌为例，引发新教师对其开展创编游戏活动，创编后再请新教师玩一玩每个人创编的游戏，感受创编游戏的方法。在“幼儿表演活动设计”培训中，教师以舞蹈《康定情歌》开始，引领新教师从中找出表演中的元素，这些元素在表演中是如何被运用的，如何迁移到幼儿园的表演活动，又通过分组尝试修改、处理和表演《小乌鸦爱妈妈》活动，让新教师在研讨与实操中得到了能力的提升。

(四)培训形式多

我园对新教师开展培训时注意运用小组交流、座谈访问、实操体验、视频分析等多种培训形式。多样培训形式调动了受培训者的积极性与主动性，从而让培训效果更加突出。

(本案例由北京市三教寺幼儿园提供)

为实现教师的专业化成长，园所做了大量细致的工作，从培训模式的建立、了解教师的真实需求、培训内容的多元化选择到培训形式的灵活运用，培训促进了学习者知识的更新与充实，内化了教育理念，提高了教育教学的实践能力。

（二）充分发挥教研组的功能，帮助教师获得专业提升

结合教育教学实践中的困惑和问题，围绕研究内容进行研讨、学习。可以说，教研活动是教师们专业成长的良好催化剂。

案例 “新苗组”教研活动

新教师的成长要从各方面入手培养，开展相应的教研活动必不可少。我园重视新教师梯队的建设，成立了以新教师为全体成员的“新苗教研组”，结合他们的现状、所需、问题，开展相应的教研活动。新苗组的教研活动以“学、练、研相结合”的方式进行。

一、学

“学”是向专家学，向同事学，向师傅学。向专家学我们以“请进来”的方式，邀请幼教专家来园指导。李玉英老师是我区特级教师，我们借助这得天独厚的资源，多次请李老师来园参与我们的教研，走进我们的教学实践，先后进行讲座、示范课、集体备课、教研研讨。活动中通过特级教师的亲身示范，让新教师看到了李老师亲切的师幼互动，听到了富有儿童化的语言，深深地感受到了特级教师的风范。在教研活动中，李老师对教学活动的解读，让新教师看到了一名优秀教师对幼儿的理解，听到了一名优秀教师对教学设计的良苦用心，深深地感受到了教师对组织好一节教学活动要付出的努力。在集体备课中，新教师听到了李老师高深的专业知识与能力，看到了李老师为所有人答疑解惑的无私奉献之心，深深感受到了李老师高尚杰出的品格。

二、练

教研活动是为了帮助新教师解决教育教学中的实际问题，只让新教师看和学是远远不够的，还要在“学”的同时加强“练”，“练”是通过教学展示、评优等活动，提高新教师的教育教学能力。我园针对新教师开展“出师课”“新苗杯”评优活动，为了保证活动的实效性，我园在“新苗杯”活动中采用作课教师尝试自己构思—班长及师傅指导、帮助—作课教师自己整理活动—课后骨干教师带领研讨的模式进行。这一良好的活动模式不仅调动参与评优的教师对活动的重视

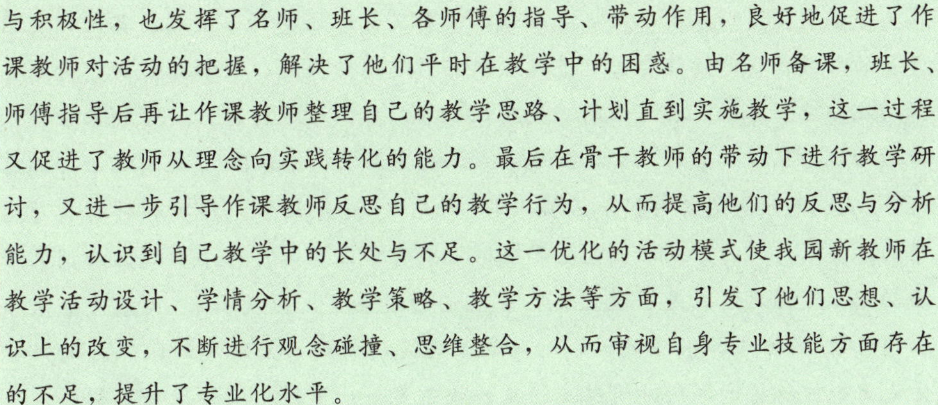

与积极性，也发挥了名师、班长、各师傅的指导、带动作用，良好地促进了作课教师对活动的把握，解决了他们平时在教学中的困惑。由名师备课，班长、师傅指导后再让作课教师整理自己的教学思路、计划直到实施教学，这一过程又促进了教师从理念向实践转化的能力。最后在骨干教师的带动下进行教学研讨，又进一步引导作课教师反思自己的教学行为，从而提高他们的反思与分析能力，认识到自己教学中的长处与不足。这一优化的活动模式使我园新教师在教学活动设计、学情分析、教学策略、教学方法等方面，引发了他们思想、认识上的改变，不断进行观念碰撞、思维整合，从而审视自身专业技能方面存在的不足，提升了专业化水平。

三、研

什么是教研？怎样开展教研活动才能有效呢？教研活动是解决教育教学中的问题，再通过实践来检验教研成果的实效性。教研带有钻研的成分，是每个教师在独自钻研的基础上，进行交流与分享，从而发生思想碰撞，并产生新认识的过程。因此，教研活动带有转化、传播、利用的含义，而且还要教师厘清自己的认识，再换位体验，感受他人的想法，最后达到相互影响的效果。我园对新教师的教研活动融入和渗透到各项活动中，在“学”中有研，“练”中有研，有“新苗组”的园本大教研，也有“师带徒”的小教研，还有班级的教研，有参与式教研——以亲身参与实操为主，有解惑式教研——解决疑惑困难，有案例式教研——挖掘反思案例，有磨课式教研——一课三磨，有诊断式教研——寻找问题与不足。

在教研活动中，“研”是重要的一个方面，但“问题—反思—实践—交流—提升”是一个不断循环和螺旋式上升的过程，总结和提升也是教研活动中重要的方面。在新教师教研活动中，我园除了注重在教研中启发新教师思考与反思，还注重引导他们不断总结和梳理自己获得的经验，相互交流。针对新教师的工作情况，园长让他们第一学期进行个人工作总结，重点总结工作中的收获与经验；第二学期进行亮点工作总结，请新教师在工作中勤于思考，对自己有心得的方面注意梳理和提升。有的新教师在亮点总结中写出：“我每天利用午休或是晚上睡觉之前的时间，回顾一天当中值得记录的地方。记录的内容主要包括观察到的孩子的表现，对孩子行为的分析，对自己实施的教学策略或教学活动的优缺点评价，今后教学中应对类似问题的归纳总结，还有外出学习或培训的所见所感。”有的教师总结自己在班级 APP 推送信息中的经验：“首先，撰写文字稿题目要形象生动或幽默风趣，吸引父母，还要符合主题。其次，利用开篇的形式多样，请读者快速进入主题并引起阅读兴趣，以幼儿视角，充分分析幼儿心理。再次，善用询问语气或拟声词，与父母进行对话，带领家长进入奇妙的现场旅行。最后，变换叙述方式，改变家长视觉体验 。”还有的教师总结道：“从一开始决定要对孩子活动中的‘闪光点’进行记录，其实那时的我是迷茫的，要以怎样的方式记录？它和观察记录有什么不同？对于初到幼儿园的小班幼儿，这样的方式是否适宜呢？在我们的讨论下，商量出了‘用照片和文字一同记录’的方式。很多时候，幼儿的表现是随机的，是瞬间的，照片的记录方式无疑能够将这样短时间以及幼儿的状态更好地呈现出来。随着我们一点点将幼儿的活动状态用照片和文字的方式记录下来后，我们将“观察记录”打印出来，张贴在班里面。在活动区我们发现，真的有幼儿走到自己的照片前面，指着自己的照片对小伙伴说，这是我，你看我在哭呢。幼儿对自己的故事表现出兴趣，有时会叫教师来到他的故事前面给他念一念。我把自己真正当成他们的同伴，用对话的方式讲述着我们的故事，我的记录开始变得有温度，而‘观察记录’也好像变成了他们的‘成长故事’，这些通过我的笔记录下来的一个个小小的故事，就单纯的只是他们成长道路上一个个小小的脚印，也让我收获满满。”

新教师是园所的新鲜血液，他们是教师队伍建设中的重要方面，也赋予着传承、发展和创新的重要作用。新教师的成长有着一定的特点，而这个时期也是教师专业成长的关键阶段，决定着他们今后的专业成长速度和水平。因此，教师队伍建设要从新教师的培养入手，探索、总结有效的培养策略是保证高素质和高专业水平教师团队的重要保障。

（本案例由北京市三教寺幼儿园提供）

积极开展教研组活动，它不但直接影响着教育教学的质量，而且直接涉及教师的教学研究与专业成长。教研组的任务就是组织教师进行教学研究工作，总结交流教学经验，提高教师思想业务水平，促进学校教育教学质量的提高。此案例结合新教师的成长，教研组通过“学”“练”“研”三步骤，帮助教师之间互相交流教学经验，研讨教学方法，探索教学规律，从而提高教学质量。

（三）多途径开展教学研究，调动教师发展的内驱力

教学研究是基于实践的研究性活动，通过开展多种途径的教学研究，深入实践，能促进教师专业水平的提高，如课题组教研、课例研究活动等。

案例　构建教师研究性发展体系

教师的可持续发展一定要依托研究的深度和广度，以教育科研为切入点，提高教师研究能力，促进教师专业水平的提高。

2011年，我园申报北京市教育学会"十二五"课题，挖掘一日生活价值，培养幼儿良好行为习惯的实践研究，围绕幼儿好习惯开展了丰富多彩的活动。结合园所实际，我们初步确立"家园合作，养成幼儿良好行为习惯"的特色方向。通过家园共育，从行为习惯的养成入手，使幼儿从小养成良好的行为习惯。

一、树立科学求实的精神，营造平等与尊重的教研文化

教研不仅是教学研究工作，以教师作为主体，以解决实际工作中的问题为切入点，鼓励教师在工作中富有个性的做法，鼓励教师积极表达自己的观点，阐述自己的论据，营造出活力、和谐、创新的教研环境，树立科学、务实、求真的精神，形成平等、尊重、协作、互助的教研文化。

二、有效理论学习，夯实研究基础

在学习"陶行知生活即教育"的教育理念以及"儿童观""教育观"相关理论基础时，通过讨论、反思，教师对一日生活的教育价值有了更深刻的理解。学习后，教师们结合实际写下自己的收获与体会，力求每一次学习，对教师自身发展起作用。教师们把握学习的价值，将学习落实到教师的发展。

三、实践验证，保证研究有效

园所教研活动紧紧围绕着"十二五"课题"挖掘一日生活价值，培养幼儿良好行为习惯。"年轻教师以一日环节为重点，研究如何发挥环节的最大价值，促进幼儿良好生活卫生习惯的养成。教师们积极撰写主题课程《好习惯从这里开始——良好生活、卫生习惯篇》，初步建立园本课程。

（本案例由北京市翠城幼儿园提供）

研究并不是纸上谈兵，需要深入实践，激发起教师研究的热情。结合实际工作中的问题，以科研带教研提升教师研究能力，促进教师专业水平的提高。

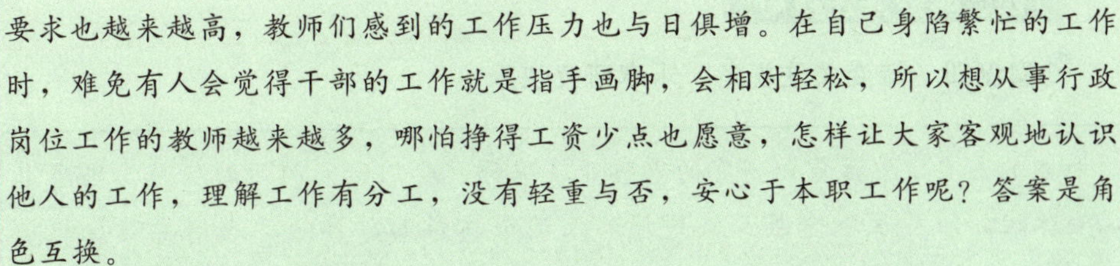

要求也越来越高，教师们感到的工作压力也与日俱增。在自己身陷繁忙的工作时，难免有人会觉得干部的工作就是指手画脚，会相对轻松，所以想从事行政岗位工作的教师越来越多，哪怕挣得工资少点也愿意，怎样让大家客观地认识他人的工作，理解工作有分工，没有轻重与否，安心于本职工作呢？答案是角色互换。

建立“轮值园长制”“轮值主任制”，每月由一名干部轮值园长、一名教师轮值主任，轮值园长负责幼儿园日常工作的组织管理，负责策划、组织实施园所活动，加强前后勤的密切协作。轮值主任负责协调班级日常管理和应急处理工作，组织开展教育科研活动，批阅教师的工作计划和教育笔记。参与轮值的主任、教师要定期向园务会汇报工作进展情况，同时做好总结和交接工作。

轮值制度的执行，调动了每位参与的干部、教师的工作积极性，也增强了责任感，提高了驾驭全局的组织能力和协调能力，角色的互换使大家切身体会到别人工作的苦与难、悲与欢，使这个体验的过程成为理解人、感动人、教育人的过程。同时，在这个过程中又是识才、辨才、育才、琢才的过程，不仅增进大家的情感，还辨识、培养了后备管理人才，可谓一举多得。

（本案例由朝阳区三里屯幼儿园提供）

案例分析

作为园所的管理者，要善于发现问题、解决问题，学会将员工的牢骚转化为管理的智慧。

轮值制度的执行中，既给干部“搭台子”又给干部“压担子”，在这其中，园长一直默默给予支持和帮助，不仅使干部明确方向，寻找差距，提高管理能力，也使干部团队能得到整体的发展与提高。同时，在活动中教会干部全面策划、责任分工、落实负责，全面锻炼沟通与执行能力、组织与协调能力，从团队研讨中汲取智慧，促进自我的超越与团队整体素质的提升。

作为领导者，会识人、会用人很重要，在实际工作中育人比用人更重要。只有在日常工作中源源不断地发现人才、培养人才，才能够让她们在工作中成为园所的顶梁柱，成就自己、成就园所。

（四）实施“名师工程”，建设一支有知识、有责任心的教师队伍

幼儿园培养名师，就是在实践中，园长要积极采用以点带面的方式，通过培养一批骨干教师，带动其他教师共同成长。

案例　首席工作室——促进教师团队素质的整体提升

我园的骨干教师大都在不同的领域积累了丰富的经验，并取得了丰硕的成果。然而“一枝独秀不是春”，怎么把他们的优势转化成整个园所的优势呢？这些教师必须发挥作用，而且他们也有这样的需求。为此，我们努力通过日常教育观摩、教师培训、园本教研等途径为骨干教师搭台子，给他们提供展示自我、交流分享的机会。其中，首席教师的设立是我园激发骨干教师专业发展内驱力的重要举措。幼儿园在设立各领域首席教师的基础上，成立了首席教师工作室，由首席教师担任工作室主持人，工作室核心成员主要来自对这一领域有所钻研、有一定实践经验的一线教师。他们带领本工作室不同层面的教师，就共同关注的问题，开展实践与研究活动，实现了团队的共同发展。

第一，发挥骨干教师的专业引领作用。我园设立了各领域的首席教师，优秀骨干教师竞聘，并为首席教师成立工作室，每位首席教师身后都有一个研究团队，避免了首席教师“高处不胜寒”“唱独角戏”的尴尬局面。

第二，支持不同层面教师的自主发展。首席工作室的一项主要任务，就是致力于促进不同层面教师的自主发展，培养各领域的教师梯队，完善教师队伍建设。工作室核心成员主要来自对这一领域有所钻研、有一定实践经验的一线教师。他们带领本工作室不同层面的教师，就共同关注的问题，开展实践与研究活动，实现了团队的共同发展。

第三，促进骨干教师的交流与共同成长。为进一步提高教师专业发展的深度和广度，加强各领域之间的整合教育，在设立首席工作室的基础上，我园还成立了首席教师联合体。整合各领域、各岗位的专业优势，为幼儿园的日常教学质量、教育科研、教师培训等工作的开展提供支持；打破了以往首席教师孤军奋战的局面，使每位首席教师在开展本组工作时，都能得到一个研究团队的支持。

（本案例由北京市北海幼儿园提供）

幼儿园离不开教师，名园少不了名师。名师以其自身的领衔作用和示范作用成为名园的基础和象征。案例中“名师工程”是通过“首席教师工作室”的创立，加

快名师的集聚与培育，以优化教师队伍，带动了一大批教师，特别是中青年教师尽快成长。同时，也是园所可持续发展的必要举措和有效途径。

（五）以人为本，建立园所岗位制度、明确岗位职责

运用激励理论、团队建设理论和沟通理论，以人为本，建立园所岗位制度、明确岗位职责，充分调动教师的积极性，大家自觉遵守共同建立的规章制度，会有力地推动共同愿景的实现。幼儿园管理，应当有一套科学规范的规章制度，否则很难收到好的效果。这就需要让教师明确自己的工作职责和工作任务、内容、要求。在制度制定后，一经讨论通过，必须严格遵守。

要达到这样的目的，就必须坚持以人为本，把建设、完善制度的过程作为人人参与幼儿园建设的过程，大家共同参与进来。

在这个过程中，可以把“自下而上”和“自上而下”两个途径结合起来。

“自上而下”，解决的是方向问题，就是要发挥幼儿园组织核心（如园长会、行政会、教代会）的导向作用，坚持以大局意识、前瞻意识为引领，以正确的理念为指导，制定幼儿园发展的方向、原则和关键措施，这是确保幼儿园沿着正确道路前进的基础，是所有人都必须遵循和落实的。

“自下而上”，解决的是民主管理的问题，就是发挥各岗人员的积极主动性，分层、分岗制定。以保健医为例，保健医既参与制定幼儿园卫生保健工作的规范、常规、标准，也参与制定保健医本岗的岗位职责、流程、标准以及考核，这些来自一线的内容交给主管领导进行初步的审核，再由主管领导站在部门整体工作的角度，进行权衡、调整，然后再递交行政会讨论、教代会审议，这就是自下而上的过程，是充分听取民意，也是教职工充分参政议政的过程。

园长在这个过程中起着领导、指导、协调、解决、决策的作用，而广大教职工则各尽其能，各负其责，最终达到提高办园质量和工作效率的目的。

（六）建立健全管理规章制度及评价体系

这是幼儿园发展的先决条件，只有做到让制度规范人，让制度引领人，让制度激励人，才能用“规范”促“发展”，促进园所的科学发展，促进教师队伍的专业发展，促进幼儿的全面发展。

案例　充分发挥月考核导向和激励作用，促进教师专业成长

在青年教师队伍培养中，以进一步完善绩效考核评价制度为切入点，通过各岗位人员月绩效考核评价标准的修订与完善，发挥评价的导向和激励作用，

引领教师进一步加强主人翁意识和责任心，注重观察了解幼儿，尊重学习特点和发展需要，注重反思和总结日常教育实践经验，不断提高专业化水平和科学保教能力。

一、完善教师月考核的原则

(一)方向性原则

以正确的教育观、教育价值观、质量观为指导，以教育目标为依据，确立评价目标和标准。

(二) 科学性原则

评价标准符合评价对象的总体状况，评价对象的特征给予准确的表示和说明。

(三)可行性原则

因园、因地、因人、因事制宜，针对本园实际，考虑各方面工作条件和现状，确立评价标准，实施评价活动。

二、发挥考核评价的导向、激励作用和反馈功能

在指导教师自我评价、自我调整行为与改进的基础上，更应重视分层解读，统一思想，达成共识。全园上下应明确“为什么要评、评什么、谁来评、怎样评”，并在实施过程中随时发现存在的问题，根据分析立即进行调整与细化。作为管理者，更应拥有一双善于发现问题的眼睛，不能急于追求结果，要分析问题症结，以引导、教育的方式让教师接受制度，并严格执行，既避免了自上而下的外部评价，更避免了形式主义走过场，最终使教师和管理者在评价中相互参照、补充，客观公正地做出分析判断，获得不断改进与发展的依据与动力，体现思想教育工作的有效性。

三、发挥主客体结合、自评与他评结合的原则

重视教师自我评价(对照目标和标准检查工作，加强自我调整与改进，在此过程中也实现了自我教育)与他评(行政班子、各部门管理者、班长进行综合评价)相结合，依据工作目标和评价标准对照检查，及时发现工作中的不足和问题，增强工作的主动性和自觉性，使评价切实起到调动积极性、提高管理水平的作用。

事实表明，通过公平、公正、公开、客观的月考核评价工作，对更好地落实《指南》精神及教育目标，不断改进工作，提高保教质量，促进两支队伍专业成长具有重要的意义。

四、评价与指导相结合，注重评价主客体的协调统一

评价本身并不是目的，而是一种管理手段。评价并不在于定出优劣高下，而是为了更好地发现问题，改进工作，更好地实现《指南》教育目标与工作目标。变管理为服务与指导，认真分析结果，真诚地帮助教师提出改进建议，使教师通过评价过程受到启发和教育，明确工作的不足与差距，同时明确努力方向，改进工作方法，真正发挥评价对贯彻落实《指南》精神及提升教学质量的促进作用。

（本案例由北京市朝阳区京通幼儿园园长宋晓红提供）

健全的规章制度及评价体系，有利于发挥评价的导向、激励、反思等作用，帮助全体教师不断提升职业道德和专业水平，提高教育教学质量。

第四节　案例解析

一、放权给教师

案例一　“小草”与“大树”

相信教师，就是尊重教师的主体地位，相信教师是有思想、有能力的实践者、学习者和研究者。这就要求干部要放低身段，甘做“小草”，尽可能地放大教师的智慧，勇敢地退出去，适时地走进来。在管理中，我们也要努力为教师营造自由、快乐、民主的工作氛围，让教师体会到快乐、自主，体会到人生的幸福，进而把这种快乐传递给幼儿，给幼儿更大的自主发展的空间。

在这样的理念指引下，我们努力尝试在各方面放权给教师，主要体现在三个方面。

一是管理放权，就是让教师做管理的主体。我们通过调整制度、转变制度的表述方式，变“反面禁止”为“正面引导”，真正让制度成为教师自主发展的保障与引领。我们通过调整教师聘任标准，由“八级标准”调整为“十级标准”，每个教师可以通过聘任标准中的十六个维度、十个级别的目标引领，自己管理自己，自己评价与激励自己，真正做到自主发展。此外，我们还借助恳谈会、听证会、兼职园长助理会等，在各项规章制度的制定和完善、重要工作计划的制订、重大决策的实施、校园环境的创设等方面，广泛征求全体教师的意见和建议，让教师成为幼儿园建设的主人。

二是教学放权，主要体现在教育管理上，我们充分尊重教师教学主体的地位，给教师更大的自主空间。例如，经过多年的尝试，我园教育评价工作的有些环节已经做到了由教师自己制定评价标准并具体执行，这样评价工作就真正实现了自我规范、自我引领、自主发展。再如，我们在开展教师培养机制之一的“北海杯”活动时，请教师结合自己的发展需求共同讨论，自下而上地产生活动方案，让教师真正成为活动的主人。此外，在尊重幼儿主体地位、支持幼儿主动学习理念的前提下，教师在教学计划的制订、班级环境的创设、日常活动的组织实施等方面均拥有充分的自主权。

三是发展放权，调动教师发展的内驱力，从“让我发展”转向“我要发展”。例如，进入“十二五”以来，我园教师独立申报的市区级课题研究达二十余项，充分体现了教师研究的自主权。再如，在开展推门课的过程中，空班的教师按需参加，推门课后，我们都会与教师进行面对面的沟通，沟通的重点落在帮助教师挖掘亮点，并通过与教师的共同反思，明确改进方向。以这样的方式开展推门课，教师感到很轻松，也很有收获。于是，很多教师主动提出邀请，请我们去看课，“推门课”就成了“邀请课”，教师自我发展的主动性被调动起来了。此外，我园科研年会的组织实施、首席教师工作室活动的开展等都以教师为主体。

正是我们充分相信了教师，在方方面面给教师放权，教师体会到被尊重的快乐和主人翁的情感，才使他们在教育实践的过程中，充分地尊重幼儿，支持幼儿做自己的主人。从某种程度上说，教师主导作用发挥好了，幼儿的游戏与学习也必然进入了积极主动的状态，幼儿以主人角色出现，各方面能力得到一定的发展，肯定与教师巧妙地发挥了主导作用是分不开的。

（本案例由北京市北海幼儿园提供）

案例分析

管理艺术的魅力就在于能够在无形的管理中，使教师获得快乐与发展。我们认为，管理的最高境界就是“无为而治”，管理干部要处理好“小草”与“大树”的辩证关系：从教育层面讲，幼儿是主体，教师是小草，孩子是大树；从管理层面讲，教师是主体，管理者是小草，教师是大树。管理干部要为推进教师自我管理、参与幼儿园管理等提供有力的支持。提高管理艺术魅力，就是要调动教师内心深处的主动性和创造性，以个人的人格魅力和管理的艺术魅力感染教师，增强教师的幸福感，是每一位管理者的追求。

二、为教师创设适宜的发展空间

案例二 拿什么成就自己

幼儿园教师梯队的变化导致教师队伍中出现人员多、层次复杂、发展需求多元化的现象。一方面，老教师经验丰富，但需要提高理论认识，提升自身工作经验的能力；另一方面，青年教师有活力、有热情，但需要不断丰富实践经验。同时，干部的专业发展同样需要进一步的专业引领。如何让新老教师之间实现优势互补，让每位教师都能“做最好的自己”呢？

在分析教师队伍现状和发展需求的基础上，我们认为，应进一步发挥骨干教师和成熟型教师的专业优势，带动广大青年教师的专业成长。通过设置各岗各领域的首席教师，建立首席教师工作室，拓展师徒制的内涵等方式，支持教师结合自己的实际情况，自己找到拯救自己的妙方。

在这样的认识之下，我们按以下原则采取了多种方式。

一、多层次

根据教师专业发展的阶段和需求，为教师搭建不同的师徒结对平台。从最初聘请园外的四名特级教师与四位骨干教师建立师徒关系。随后，认识到这样的师徒结对受众面太小，于是开始在自己的骨干教师队伍中培养“首席教师”，并通过首席教师工作室的方式带动更多的教师成长，这也是师徒制的拓展。在此基础上，逐渐扩大师徒制的范围，在全园范围内普遍实施师徒制，充分发挥每一位教师的专业优势，形成全园互帮互学的浓厚氛围。

二、多维度

随着师徒制实施范围的不断扩大，其涉及的领域也不断增加。除了教育教学方面的师徒结对以外，还包括管理、思想建设等方面的师徒结对。此外，师徒结对也从前勤延伸到后勤，包括财务、卫生保健、营养膳食等，真正实现了全园、全领域覆盖。

三、双向选择

为了充分体现教师是发展的主体，尊重教师的意愿，在师徒关系的确立基础上实施“双向选择”，即师傅有选择徒弟的权利，徒弟也有选择师傅的权利，最终师徒关系的确立是双方共同意愿的体现。这样一来，教师由被动接受到主动寻求专业发展的支持，真正实现了“我的发展我做主”。

四、注重日常

如果说首席教师制是侧重对教师理论上的引领，那么师徒制则更加立足日常，侧重日常工作质量的提升。

多种方式的共同推进，充分挖掘和利用了园内优质教育资源，在全园形成了“三人行，必有我师”的局面。全体教师在日常工作中相互学习、相互促进，带动了日常工作质量的提高，促进了教师队伍的可持续发展。

（本案例由北京市北海幼儿园提供）

案例分析

面对园所中师资队伍发展中出现的需求不同、水平不同、教师个性不同等问题，园长要立足教师队伍的现状，分析不同发展阶段教师的优势与困惑，制定了分层指导方案，有效支持不同发展阶段教师的自主发展。园长注重对教师的分层培养，教师的培养就如同“儿童的最近发展区”的教育一样。不同教师的水平和素养程度不一，幼儿园应对不同教师制定不同的发展方案，提出不同的要求，使每位教师在其原有水平上都得到提高。

此案例中，园长将教师个人的发展与团队的发展紧密联系在一起，为不同发展水平的教师找到了进一步成长的平台，骨干教师(如师傅、首席教师、学科带头人等)需要不断充实自己、提高自己，才能更好地和团队中的教师共同成长，有发展需求的教师(如新教师、有更高成长愿望的教师)在骨干教师的带领和团队的良好氛围下，会得到有针对性的提高。

因此，教师个人的发展，不仅要找到教师成长和园所发展的共赢点，使发展成为大家共同的需要，更重要的一点是，要创设、搭建多元化、多样化的发展平台，使不同发展水平、不同发展需求的教师都能找到适合自己的成长空间。

园长要调动教师主动思考，并通过互动，让教师针对专题进行深入探讨与交流，提升分析问题和解决问题的能力。

三、角色互换

案例三 今天我是“园长”，今天我是“主任”

随着社会对教育的重视，各方面给予园所的考核越来越多，家长对教师的

四、转变关注视角

案例四 转变关注视角，乐享研究快乐

我们在实践中注重以研究的思路开展工作，我们研究的问题从关注思想上的主体性，到关注观念层面，到师幼互动个体层面，再到游戏中主动性的层面，更加聚焦并关注教师与幼儿的自主。

我们在“九五”期间研究“主体性”，解决思想层面的问题，从“让幼儿成为学习的主人”为切入点开展实践研究，教师的教育观、教师观、儿童观以及教育行为有了很大转变，奠定了我园对人的主体性的充分尊重和不懈探寻。“十五”期间我们有幸得到了刘占兰博士的指导，参加了“改善在职幼儿教师培训过程与方式的研究”的课题研究，在专家的引领下，研生、研学成为开展一切教育教学工作的出发点。

“十一五”期间我们研究师幼互动，关注个性化，通过典型情境研究，总结出师幼互动中教师适宜应答的程序性策略，即“关注幼儿的表现—分析幼儿行为背后的核心需求—判断情境的核心价值—选择适宜的应答策略”的行为链。通过研究，我们欣喜地看到教师能够静下心来关注幼儿的表现，幼儿的主体地位越来越明确，幼儿的游戏更加自主、专注。白雪公主的故事大家都听说过，我想问问在座的各位：“你最喜欢故事里的谁？”

有个小朋友给出了这样的回答：“我喜欢后妈。”当时全班的小朋友顿时哗然，有的甚至当成笑话去听。这时候，我们的教师却俯下身子，轻轻地问孩子：“你为什么喜欢后妈呢？”孩子说：“这个故事没有后妈，就没有意思了。”孩子与众不同的回答折射出了他丰富的想象力和独特、活跃的思维。正是教师给了孩子表达的空间，让孩子张开想象的翅膀，进行自主的表达，我们才听到了如此鲜活的答案。此外，还有激发幼儿自主参与的大型活动“快乐节”“读书节”“体育节”等，都展现了我们研究如何支持幼儿主动学习的成效，也是主体性教育的结果。

“十二五”将研究的视角转向幼儿园的基本活动方式——游戏，游戏的本质就是自主的，研究中，教师们真正俯下身来观察幼儿到底“玩什么”“怎么玩”，透过行为分析原因，研究幼儿的游戏意图，进而给予适宜的支持，真正支持幼儿成为自己发展的主人。研究支持着教师在专业发展中实现一个又一个飞跃，研究促进幼儿在成长的路上收获一个又一个的快乐。

（本案例由北京市北海幼儿园提供）

案例分析

教育的改革与发展的生命力在于教育观念的改变，为此，“科研兴教、科研强师、科研兴校”是园所发展的目标。在科学研究中开展教学活动，教学出题，科研求解，在教学与科研互动下才能促进教学与科研相长。

促进幼儿全面的发展，让教师体会到研究的快乐，是研究的目的。作为“为幼儿一生的发展奠定基础”的幼儿教育，对幼儿的教育应是完整的，而不是支离破碎的。案例中，园长能敏锐地捕捉到园所教育中的突出问题，并以科研的手段付诸实施。在“九五”“十五”“十一五”“十二五”过程中，能看出研究者注重以研究的思路开展并推进工作，过程注重“问题切入点”和整体性的关系。从最初的关注思想上的主体性，到关注观念层面，到师幼互动个体层面，再到关注游戏中主动性的层面，更加聚焦并关注教师与幼儿的自主。在此过程中，让教师在观察、了解幼儿的基础上，开展更深层次、更有目的的研究。引领教师结合教育教学实践开展研究，回答教育实践中提出的实际问题，能让教师体验到研究的快乐。

五、“师带徒”活动

案例五　以全园之力促成长

新教师怀着一颗对教育事业的梦想之心走入幼儿园，但往往在步入工作后发现学校学习的众多知识与现实工作中各种具体事情距离很远。在校学习的专业知识不能应对实践工作中的各种情况，因而常常让新教师感到力不从心。他们在工作初期非常需要有经验的教师在身边进行指导与帮助。我园开展“以全园之力促成长”的园级师带徒活动，帮助新教师走上专业成长的道路，更好地胜任幼儿园工作。我园的园级“师带徒”活动有两个层面的含义：一是发挥所在班集体及成员间相互影响和互帮互助的精神，促进新教师的专业成长；二是发挥骨干教师“帮助者”的作用，从而做好带领其他教师共同成长的任务。

一、发挥班级作用

新教师开展教育教学活动，组织幼儿一日生活，帮助家长解决各种事情，完成领导布置的各项任务，都离不开他所在的班级，班级中其他教师的师德观、教育言行、工作方法都会对他们有很大的影响。而班级中的同班教师对新教师的工作情况也最为熟悉和了解，对他们工作中存在的问题也能够最及时、最真实、最直接地进行指导与帮助。因此，我园以班级为依托，开展班级“帮扶”活动。帮一帮，手把手地示范各项工作的方法，帮助新教师发现实践工作中的问题。例如，新教师经常遇到幼儿同伴间的纠纷不知道如何处理，同班教师示范如何处理，事后再与新教师一起分析幼儿的情况，讨论师幼互动的策略，帮助他们积累经验。扶一扶，多将实践性的经验传递给新教师，工作中多推他们上前，扶着他们上架。例如，班级工作中除了教学和幼儿日常生活外，还有安全、家长、班级工作等，只重视新教师的教学和日常生活的组织能力，会让他们产生以为只要做好这些就可以了的想法，长久以来新教师对班级的责任感就会有所缺失，班级的管理能力也无法提升。我园以让新教师承担班级的一项工作为锻炼方式，鼓励他们为班级想办法、出主意。班级的“帮扶”活动让新教师组织幼儿一日生活、尝试开展班级活动的能力逐渐提高。

二、园级“师带徒”

我园的园级“师带徒”活动是以“借助骨干教师，扶新手上路”为主旨，以我园市、区级骨干教师为梯队，一结多个徒弟的方式进行。园级“师带徒”活动有别于班级内的“帮扶”活动。园级“师带徒”对其有相应的要求和管理，师徒间要签订师徒协议，师徒协议中明确规定了师傅与徒弟相应的责任与义务。园级“师带徒”活动重视对实践性知识的传递，它包括教师在教育教学实践中实际使用的知识和经验，也包括对理念的理解和运用，还包括师傅的儿童观、教育观、教师观等对徒弟的影响。以“四给”为指导宗旨开展“师带徒”活动，给徒弟目标，师徒一起协商制订学习计划和目标；给徒弟示范，入班进行指导，现场给徒弟示范指引；给徒弟关心，关心徒弟的生活、工作情况，指引工作方向；给徒弟自信，肯定其优点并为徒弟搭建展示平台。

（本案例由北京市三教寺幼儿园提供）

案例分析

美国心理学家阿基里斯在他的“成熟理论”中指出，人们从事任何职业，都要经过职业适应到职业成熟的发展过程，只有达到职业成熟阶段，才能主动地、富有创造性地工作。一位新入职的幼儿教师成长为骨干教师，除了她自身的努力外，还需要有经验的教师在身边进行指导与帮助，为其保驾护航，促进其更快的成长。

在此案例中，我们能感受到，随着教育理念和教育实践的不断发展，园长在建设学习共同体、促进全体教师的专业成长上做出的努力。如何根据幼儿教师的个体差异，做到因“材”制宜、取长补短，充分发挥每位教师的潜能，提高青年教

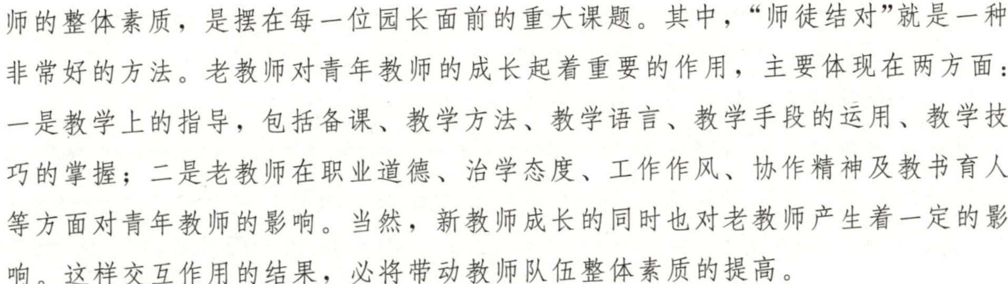

师的整体素质，是摆在每一位园长面前的重大课题。其中，“师徒结对”就是一种非常好的方法。老教师对青年教师的成长起着重要的作用，主要体现在两方面：一是教学上的指导，包括备课、教学方法、教学语言、教学手段的运用、教学技巧的掌握；二是老教师在职业道德、治学态度、工作作风、协作精神及教书育人等方面对青年教师的影响。当然，新教师成长的同时也对老教师产生着一定的影响。这样交互作用的结果，必将带动教师队伍整体素质的提高。

六、提高教师的实践研究能力

案例六　课题引领

为了有针对性地提高教师的实践研究能力，我园借助“十二五”课题“音乐教学活动中，促进幼儿音乐表现力发展的实践与研究”的开展，尝试以课题为引领，努力提高教师的实践研究能力。

一、多种形式的学习活动，帮助教师提高音乐理论水平

理论研读式学习提升教师的音乐素养，丰富教师的音乐理论知识，如音乐基础知识培训、打击乐知识培训等。

活动参与式学习帮助教师在活动中亲身体验音乐教学过程，体验教学方法，提高教师音乐教学的组织与实施能力，如引进妙事多音乐课程培训、京剧现场教学培训等。

小组研讨式学习发挥教师同伴互助的作用，总结提升音乐实践经验，如以年龄班为单位开展小组教研活动。

二、从教师发展需求出发，支持教师开展音乐教学实践

(一)采取多种方式，支持不同水平的教师在研究中实现发展

1. 骨干教师带教

在教学实践活动中，充分发挥音乐教研员的作用，安排骨干教师特色带教日，教师们根据自身兴趣与特长自愿报名，骨干教师深入班级进行现场指导与示范，针对教师在教学实践活动中的具体问题帮助其解决。

2. 教师分层观摩活动

针对幼儿教师队伍现状，采用分层指导的策略，安排不同层次的教师进行音乐教学活动的观摩与实践。首先，经验型教师进行教学实践，使青年教师、新教师有观摩学习的机会；其次，青年教师、新教师进行教学实践活动，在实践活动的过程中，提高教学能力。

3. 一课同上、好课再上

由于新教师多，教学实践活动采用如中班打击乐活动“土耳其进行曲”，两位教师分别在班上进行教学实践，活动后两位教师共同总结经验，反思不足，改进活动内容，形成经典案例。由于缺乏教学经验，新教师模仿骨干教师的活动“大象孵蛋”“神气兵进行曲”，从中提高自身的音乐教学经验。

（二）解决教师教育实践中的具体问题

1. 研究明确书写音乐活动计划的要素和方法，提高教师的活动组织实施能力

通过研究，教师们总结出书写音乐活动计划的要素和方法，具体如下。

①目标的制定：根据《纲要》艺术（音乐）领域总目标，结合幼儿年龄特点和实际水平制定具体打击乐活动目标；目标制定体现打击乐活动情感、认知、技能的发展。

②活动内容的选择：活动内容与目标要求相一致，符合本班幼儿年龄特点及发展水平；音乐的选择有助于幼儿感受美和表现美，丰富幼儿的审美体验。

③活动重难点的分析：活动重点在活动目标中寻找，难点是完成目标时会遇到的问题。

④活动过程的设计：分为三个部分，即开始部分、中间部分、结束部分，开始部分书写教学活动的入场或热身游戏；中间部分书写完成目标设计的活动过程，层次清晰、层层递进、安排合理、过渡自然、重难点突出；结束部分书写小结或自然出场。

明确音乐活动计划书写的要素和方法，其实也就是明确了研究教育、研究幼儿的方向，明确了在教育活动组织实施过程中需要关注的问题，对提高教师的活动组织能力起到了很好的支持作用。

2. 开展班级表演区现场交流式教研活动，提高教师指导表演区活动的能力

针对教师在指导表演区过程中遇到的问题与困惑，开展班级表演区现场交流活动。教师在表演区游戏过程中启发式语言的引导，环境材料的创设，不同角色不同进入的方式，引导幼儿主动游戏、快乐游戏，解决游戏中突发的问题等都得到了相应的提高。在活动过程中，教师们学习到了其他班级的优势，开阔了思路，改进了自己班级表演区的不足。在以后的教研活动中，针对教师的其他问题，还会继续开展相关的教研活动，如学写表演区观察记录的方法，如何正确观察、分析幼儿在表演区活动中的表现，制订有效的指导策略等。

三、基于问题解决，开展音乐教研活动

在课题的研究过程中，教师们遇到了各种问题。例如，如何在音乐教学活

动中关注幼儿的活动行为、如何客观评价幼儿、如何提高幼儿在音乐活动中的表现力等。针对这些问题，我们一方面加强学习，帮助教师们了解音乐活动的基本流程，提高教师们的音乐素养；另一方面，我们开展了数次相关的教研活动。通过研讨，我们从目标制定上，确定不同年龄班音乐表现力发展的目标；从教学策略的总结与运用上，在活动过程中提高幼儿音乐表现力；从课程引进上，帮助教师解决在音乐教学活动中的问题。

案例分析

教育科研工作是园所教育工作的重要组成部分，也是促进幼儿园发展，提升幼儿园发展的生命之基、力量之源。因此，思考提高园所科研领导力的问题具有深远的意义。

一个园长要带出一所好园，不能仅凭经验，更不能摸石头过河，管理和教学要有理论和实践依据。因此，园长要有研究的意识，要带领教师搞研究。

作为幼儿园教育科研工作推进第一责任人的园长，应切实担负起历史的责任。在案例中，我们能看到，园所科研课题应面向教育教学实际，以行动研究为主要方法，与实际工作相联系，脚踏实地地解决教育教学过程中遇到的实际问题，把研究的重点放到教师专业发展及研究能力提高上。

当然，在案例中我们也能看到，园所也要尽可能地为科研工作搭建平台，开展多种形式的学习活动，帮助教师提高理论水平；引导教师主动学习，给教师提供一个专业成长的平台；鼓励教师外出学习、参加培训，给教师一个开阔科研视野的平台。在教学实践中，开展“骨干教师带教”“教师分层观摩”“一课同上”“好课再上”等活动，帮助教师把抽象的教育理念转化为具体的教育实践，给教师搭建一个展示科研成果的平台。

引导教师树立起“科研兴教”“科研兴校”“教师是教育科研的主力军”等观念，采取有效措施积极地开展丰富多彩的科研活动，使园所的学术研究持之以恒、有声有色。

七、有针对性地满足教师成长需求

案例七 对“症”下药，药到“病”除

问题引领的教研方式，解决年轻教师在家长工作中的问题与困惑，满足年

轻教师的需求，开展家长工作教研。

一、发放家长教研工作调查问卷，了解年轻教师的真正需求与困惑

在开学初发放家长教研工作调查问卷，教师把自己在班级家长工作中存在的具体问题书写出来，采用“自下而上”的教研模式，做到真问题真研究，解决实际问题。

教师的问题有：幼儿自己不小心受伤了，应该怎么和家长沟通？幼儿之间发生矛盾以致受伤，应该如何与家长沟通？如何与家长反应幼儿自身的问题？

二、理论研读与自学相结合，提升教师理论水平与学习能力

对教师存在的家长工作实际问题，分析归类，一一解答。教研组长利用多媒体形式对教师进行理论培训，如“家长工作的原则与技巧”“教师、家长的关系与沟通技巧”“如何书写家园联系册”等。

例如，“如何正确书写幼儿成长记录册”这个问题，通过我们日常的指导工作，发现青年教师在书写幼儿成长记录册时存在的问题主要有：由于对幼儿关注不够导致评价结果不够客观准确，措辞随意、不严谨(如淘气，爱打人)，对幼儿的期望过高、不符合该年龄特点(如集中注意力的时间为小班 5～10 分钟、中班 10～15 分钟、大班 20 分钟左右)，字迹零乱、语句不通顺，错别字较多等现象，通过业务学习让青年教师了解幼儿成长记录册的重要性(成长记录册是家长了解幼儿在园表现及各方面发展现状的一个重要渠道，针对教师对幼儿的评价提供科学合理、有针对性的教育建议进行家园配合，促使幼儿全面和谐发展)，组织青年教师观摩骨干教师优秀记录册的书写、骨干教师讲堂——“利用幼儿成长记录册进行有效沟通”的讲座、介绍具体书写原则(“幼儿在园情况”主要写优点、“给爸爸妈妈的建议”要写针对该幼儿发展而提出的教育建议；注重体现正面鼓励及发展性原则等注意事项)，学习《3—6 岁儿童学习与发展指南》，尽量使用其中的幼教专业术语，并由骨干教师、教学主任对青年教师书写记录册进行把关，每月进行平行班幼儿成长记录册的交流、展示，资源共享。

三、分析并总结不同年龄班家长的不同需求，帮助教师提高家长工作能力

只有充分了解本年龄班家长的实际需求，才能使教师在做家长工作时有的放矢。在对家长的调查分析过程中，教师们总结出不同年龄班家长的需求。

小班家长的需求：幼儿在园是否情绪愉快、生活护理是否得当、一日三餐是否吃饱吃好、是否能够融入集体等。

中班家长的需求：幼儿能否与小朋友主动交往、活动中语言表达是否大胆

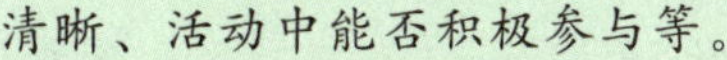

清晰、活动中能否积极参与等。

大班家长的需求：幼儿能否养成良好的学习习惯、行为习惯，在交往过程中掌握必要的交往技巧、幼小衔接、知识储备等。

四、以情境演练、经验型教师带教的教研形式，帮助教师梳理家长工作中的实际问题，并现场指导

在教研活动中，根据年轻教师在家长工作中遇到的实际问题，设计情境故事，请青年教师扮演教师的角色，经验型教师扮演家长的角色，进行现场模拟演练。例如，幼儿自己不小心受伤了，应该怎么和家长沟通？幼儿之间发生矛盾以致受伤，应该如何与家长沟通？如何与家长反应幼儿自身的问题？在活动后及时梳理总结家长工作经验，形成文本资料，进行推广。

教师队伍的培养，以修师德、炼师能为核心，结合园所文化，结合教师队伍现状，结合教师发展需求，加强分层培养，加强专业培训，加强课题引领，注重问题聚焦，注重案例分析，全面促进每一位教师在原有基础上不断提高，成效显著。

（本案例由北京市朝阳区京通幼儿园园长宋晓红提供）

案例分析

对“症”下药，才能药到病除。管理者就像是“名医”，关键是要会号脉，明确病的机理，问题引领是“药引”。最终，才能解除“病灶”。

伴随着幼儿园教师队伍的不断壮大，我们的教师队伍从年龄层次、学历水平、经验水平都存在很大差异。他们的成长需求不同，学习方式不同。作为管理者是否清晰？案例中，管理者秉承着刨根问底的精神，以问题引领的方式，带领教师们从多角度解决问题，形成家园工作的策略，为我们的管理提供了鲜活的例证，启发我们进行思考。

首先，管理者是善于发现者，敏锐地把握年轻教师在家长工作中出现的问题。作为年轻教师，不知道如何与家长进行沟通，往往会出现胆怯心理，真实地显露出专业上的短板。一个个问题的背后是教师真实的专业成长需求，如何做好与家长的沟通工作成为问题的“焦点”。只有充分调研，采取适宜的方式才会发现真问题，这是有效培训的基础。

其次，问题引领，解决问题。发现问题后的解决至关重要。管理者采取调研的方式，一方面更加全面地了解教师的具体困惑，另一方面调查了解家长的真正困惑所在。将两方面的问题进行梳理，带领教师们进行分析。基于真实的问题，如何解决成为关键。自学、集体学、现场体验，在“多管齐下”的过程中，家长问题迎刃而解。

什么是有效？在众多的培训、教研活动中，大家都会选择问题进行研究，那么，哪些是真实的问题，哪些是管理者头脑中的问题，这篇案例给了我们完美的答案。

基于不同层面教师的问题，管理要厘清思路，实施过程要把握问题核心，最终运用多种手段促进问题的有效解决。

第四章　成就教师的归属

——园长稳定教师队伍能力的提升

想一想

当园长两年有余，虽然我很年轻，但是我对工作充满了热情。虽然工作中可能会遇到这样、那样的困难，但是我相信自己有能力解决，我的心中充满了无限勇气。

但是，最近我也遇到了非常棘手的难题，已经开学一个月了，中一班班主任竟然要辞职，说是家里人希望她在家全职带孩子。这还不算，保教主任竟然也提出辞职，原因竟是家里需要她接管生意。原本稳定的开学状态，一下子因为人员流动造成我处处捉襟见肘。巧妇难为无米之炊啊，一时间，我不知道如何是好。

一名园长，需要得力的中层管理队伍，需要稳定的教师队伍。但是，幼儿园工作繁重，工资一般，教师们在面对选择时，经常会把幼儿园作为人生棋局中的“弃子”。如何打造一支稳定的教师队伍？如何留住教师的心？一个个问题，使我的内心久久不能平复。

——一位年轻园长的苦恼

成就教师，最重要的一点就是要让教师有归属感、责任感、安全感，教师处于一个团队当中，是否能够全身心地向着一个共同愿景努力，这就需要园长把握好教师专业发展与思想认识的关键点，稳定队伍，夯实基础，留住人心，持续发展。

由于多种原因，一些幼儿园的教师流动性比较大。新来的青年教师鉴于人事关系、职称评定、住房、医疗保险、养老保险等方面的忧虑，很难安心在幼儿园长期执教，一旦找到更理想的工作，就会辞职而去。因此，教师频繁变动和调整，师资队伍长期处于不稳定状态，有的班级一学期要换好几个教师，对教育质量造成消极影响。教师队伍的稳定与幼儿园的质量发展密切相关。教师的态度、教育责任、教育教学水平是幼儿园的质量名片，因此，作为一园之长，保障教师队伍的稳定对幼儿园的质量发展至关重要。

借鉴国内外相关的实践管理经验，我们发现，在我国，早在1985年的《中共中央关于教育体制改革的决定》中，就明确指出“建立一支有足够数量的、合格而稳定的教师队伍，是实施义务教育，提高基础教育水平的根本大计”，其中，教师队伍的稳定性一直备受关注，只有保持教师队伍的稳定，才能更好地提升教育质量。国内学者姜文义，在其文章《试论教师队伍稳定与教师合理流动》中提出，保持教师的职业心理稳定，才能保证教育事业的繁荣和发展。教育之所以改革步步深入，事业大大发展，与拥有一大批爱教育、志愿献身于教育事业的教师是分不开的。如果教师的职业心理发生动摇，其工作态度、责任感便可想而知。因此，只有保证教师队伍职业心理的稳定，教育才有希望。

美国行为科学家弗雷德里克·赫茨伯格(Fredrick·Herzberg)的双因素理论认为，激发人的动机的因素有两类，一类为保健因素，如企业政策、工资水平、工作环境、福利和安全等，这些因素带有预防性，可以保持人的积极性，维持工作现状；另一类为激励因素，如成就、认可、责任、发展等，这类因素可以提高工作效率，激发人们的进取心。美国华盛顿大学福斯特商学院终身教授陈晓萍女士在其《幸福的决定因素》第二章“管理的悖论”中提到，“以人为本”的管理强调善待员工，关心照顾员工工作、生活的各个方面，体现出对员工成长发自内心的关怀，并希望员工因此更加热爱工作，敬业守职，从而提高工作效率和工作绩效，对工作有更多的创意和思考，为企业的发展创造价值。

与此同时，早在1943年，美国心理学家亚伯拉罕·马斯洛在《人类激励理论》中将人类需求像阶梯一样从低到高按层次分为五种，分别是生理需求、安全需求、社交需求、尊重需求和自我实现需求。

依据国内外实践与理论研究的成果与经验，我们认为稳定教师队伍的核心是人的管理，由传统管理中的管人、用人过程，逐渐演变为发展人、成就人的过程。稳定教师队伍，需要园长关注教职工内在和外在的需求，采取以人为本的管理方式，既要留人，也要留心，既要提高教师当下的专业水平，又要着眼教师未来的发展，激发个体发掘潜能，最终成就每个人的精彩，成就园所的精彩。作为园长，应当具备稳定教师队伍的能力，让教师踏踏实实、积极努力地投入工作。

第一节　稳定教师队伍

教师是园所发展的基础，稳定的师资队伍是提高幼儿园教学、管理质量等工作的重中之重。因此，园长必须高度重视教师队伍稳定，确立教职工在幼儿园的主体地位，发挥其主导作用。园长要有把优秀教师吸纳进来的气魄，也应该注重稳定教师队伍的能力，有培养教师、提升其专业化水平的责任，也应该有调动教师工作的内驱力，使其体验到职业带来的幸福感。园长要团结一切可以团结的力量，在幼儿园管理中，要在动态流动中寻求平衡，本着以人为本的思想，创造条件，把学校的发展和教师的个人发展联系起来，让幼儿园的发展愿景变成教师工作的共识。继而打造优良师资，促进幼儿园教育质量的提升。

一、稳定教师队伍的已有研究和认识

（一）我国幼儿园教师队伍现状

人是社会因素，幼儿园就是一个小社会，教师就是幼儿园的重要组成部分和核心要素。随着当前教育事业的不断发展壮大，不同体制的幼儿园如雨后春笋般涌现。同时，不同体制幼儿园之间的竞争也变得越来越激烈，要保证幼儿园能持续、健康、稳定地发展下去，就要塑造一支高素质、稳定的教师队伍。

影响教师队伍稳定的原因是多方面的。首先是薪酬待遇，随着经济的高速发展，教师的薪酬待遇、社会地位普遍偏低。面对生活的压力，有些教师频繁更换工作。其次是文化认同，不同园所文化倡导的核心价值观不同，有的园所过于强调工作效率，缺少对教师的人文关怀，造成教师对园所没有感情。一旦时机成熟，就会果断离开。再次是管理方式，有些园长常常出现“唯我独大”的现象，造成管理方式缺少艺术化，人心背离。最后是个人发展前景，幼儿园有明确的发展愿景，但由于沟通渠道不畅通，致使教师个人发展目标与园所发展愿景有出入，一定程度上影响教师个人的专业发展。

（二）我国已有的关于稳定教师队伍的研究

我国历来重视教师队伍稳定，开展了系列研究，从不同角度对影响教师稳定的因素进行分析。

延安大学李向玲针对农村幼儿园教师队伍建设进行研究，调查分析了农村幼儿教师的社会地位、在职培训、专业成长、医疗及社会保险等情况，现状分析得出的初步原因有社会、政策、管理、培养、培训等方面。

山东银座英才幼教集团从2001年建园初期就将“人才战略”定位为发展的中观战略，提出“尊重和信任每一个人，这里人人都是人才”的人本管理理念，将“需要管理、赏识管理、阳光管理、成功管理、效率管理”创造性地运用于人才的管理与培养上。

张光在《对高校教师稳定的思考》一文中，阐述了高等院校的稳定是相对的，流动是绝对的。流动可以增加教师队伍的活力，教师队伍在流动中优化。但是，如果没有一批稳定的骨干教师和学科带头人，那么学校教学秩序就会混乱，学科建设也会成为空中楼阁。

综上所述，纵观多年的教师团队管理，给幼儿园管理者诸多启示。

第一，作为园长，要采取以人为本的管理方式，关注“人”是根本，从社会影响力、社会地位、管理艺术化、培训等方面充分考虑。

第二，我们不难发现种种团队问题的根源，皆可归为教师团队的“归属感”问题。因为只有教师在思想上、心理上、情感上感到属于这个团队，渴求在团队中得到认可，渴望在团队中施展自己的才能、实现自己的价值，更有和团队成员一起互相促进、互相提高的积极心态，教师才能全身心地投入自己的工作中。这种在思想上、心理上和情感上的渴望和要求，就是拥有团队归属感的表现。因此，教师队伍的归属感问题，应当是研究师资团队打造的首要问题。

第三，培养骨干教师队伍，发挥骨干教师的榜样示范作用，以此稳定教师队伍。我国的研究者从管理人的实际出发，无论是高校还是农村幼儿园，教师都作为学校质量发展的核心。关注人的物质和精神需要，关注人的个人发展，打造和谐共进团队，使教师形成归属感，做好“人”的管理，成为团队建设的重点。

(三)园长对稳定教师队伍的理解

幼儿园园长要对稳定教师队伍有清晰且深刻的认识，不仅要认识到稳定教师队伍的重要性及意义，更要理解稳定教师队伍的内涵，要坚持以人为本，有正确的理念作为引领，真正使稳定教师队伍成为幼儿园质量提升的重要推手。

从宏观层面，园长要以办园理念为引领，使教师产生对幼儿园的归属感与安全感，使教师愿意留下来、主动留下来、努力留下来。从微观层面，园长要保障教师的基本权益，促进教师的专业发展，坚定教师的职业信念，让教师体验到职业的幸福感与成就感。幼儿园管理者首先应树立以人为本的管理理念，采取以人为本的管理措施。所谓“以人为本”，就是以教师的处境为本，幼儿园的女职工居多，大多为人妻、为人母，家里家外事无巨细都需要操心，加之幼儿园工作细致烦琐，责任重大，教师们都很不容易，所以人际支持、心理环境显得尤为重要。管理者要高度关注并满足教师们的这一精神需求，努力倡导温暖和谐的人际氛围。①

建立一支师德高尚、素质优良、相对稳定的教师队伍，是提高教学质量的一项十分重要的措施和保证。充分发挥教师在工作中的主动性和积极性，充分调动教师的内驱力，解决教师的后顾之忧，让教师全身心地投入工作，是园长在教师队伍建设中的关键任务。

二、稳定教师队伍的重要性

在现实管理过程中，稳定教师队伍、提高教师队伍素质的问题困扰着不同类型的幼儿园管理者。其中，首要的问题是保持教师队伍的稳定，这是使其保持足够数量，进而培养合格队伍的前提。面对市场经济的冲击，越来越多的教师选择了跳槽、转行。虽然园所会和每位教师签订合同，但是一纸合同似乎也无法挽留教师们蠢蠢欲动的心，有些就算赔上违约金也要离开。教师的频繁流动，对园长提出新的挑战。

管理学之父彼得·德鲁克六大核心管理观点，其中一点就是“员工是资源而非成本”。过去传统观念认为，现代工业生产的基本要素是原材料和工具而不是人，员工只要能领到高薪就很开心，根本不关心工作和产品，德鲁克则率先指出这样的观念是错误的，主张员工应该被视为资源或资产。引申到幼儿园管理中，园长应该意识到每位教师都是能动的人，他们愿意不断学习，还渴望扮演更积极的角色。作为园长要为教师的发展提供学习成长机会，创造展示自我的舞台。

三、稳定教师队伍的意义

幼儿园的教育质量依托于稳定的教师队伍，让每位教师心有所属，让园所成为每位教师心灵的港湾，是园长的责任。那么，稳定的教师队伍对于园所有哪些意义呢？

（一）稳定教师队伍是全面提升教育质量的前提

只有保持教师群体素质的相对稳定，才能全面提高教育质量。教师的群体素质在很大程度上决定教育质量，而教师群体素质的提高须经历艰难、长期、复杂的过程。如果教师进出频繁，必然会影响教育和教学。只有保持教师合理结构

① 吴峰林．促进幼儿园教师队伍稳定的基本策略[J]．学前教育研究，2015(10)：67～69.

的相对稳定，才能保证教学质量的稳定。教师的结构主要指教师的年龄结构、学科结构和学术结构。不同年龄的教师优化组合，优势互补，必然会带来教育的高水平和办学的高质量。

（二）稳定教师队伍是赢得社区、家长满意的基础

每位教师的岗位是按班级设置的，每个班级必须始终拥有适当数量的教师。如果某个班级教师流动性很大，班级的教育教学质量必然造成影响，频繁更换教师势必引起幼儿心理的不适应，进而导致家长对园所管理的不认可。

家长认可班级教师，总是期望教师稳定，教师与幼儿更加熟悉，家长与教师沟通也更加顺畅。因此，稳定的教师队伍是赢得社区、家长满意的一个基础。

（三）稳定教师队伍是园所管理的保障

每所幼儿园都有自己相应的管理模式，稳定的教师队伍对于幼儿园的文化建设有重要意义，有利于形成较为稳定的幼儿园文化以及一脉相承的实践经验，对幼儿园的管理以及教育质量都是一种保障。如果教师队伍不稳定，出现频繁更换的现象，无疑会对园所的管理造成影响。因此，稳定的教师队伍是园所高效管理的保障。

第二节　稳定教师队伍的实施原则

作为园长，面对幼儿园繁杂的事物，一定要注重管理的艺术，其中以人为本是稳定教师队伍的管理内核。作为园长，如何把教师当作幼儿园的主人，需要树立教师优先的意识。老子在《道德经》第十三章中说：“故贵人以身为天下，若可寄天下；爱以身为天下，若可托天下。”意思是说，像看中自己的身体一样看重天下的人，像爱惜自己的身体一样爱惜天下的人，才可以把天下重任寄托给他。在园所的管理中，管理者心系每位教职工，激发大家的主体性，使其充分体会自信的感觉，教师们会找到心灵的归属。这样的团队是稳定的，这样的团队充满竞争力。稳定教师队伍应把握以下几个原则。

一、自主原则

尊重与理解教师是幼儿园教师队伍管理的前提。作为园长，过于精明、能干，凡事亲力亲为、看似非常负责的园长，其实剥夺了教师自主发展的权利。作为园长，应知人善任，给予管理干部、教师充分自主的机会。对于解决问题，即

使园长心中有数也不急于揭晓答案，而是学会抛砖引玉，让下属做出决定，有时可以故意提出不成熟的想法，请大家进行分析，培养下属自己做决定的习惯。

发挥每位教师的独立性、主动性和创造性，促进每位教师的自主发展。自主研究、自主实践、自主发展，是实现自我价值的最高体现。因此，园长要把握“自主”的原则，教师在感受自我价值得到实现的同时，能够以积极的心态投入工作。

二、幸福原则

俗话说，留人要留心，“幸福”的原则就是要留住教师的心。作为园长，首先要做好教师的服务工作，做到真正把每位教师放在心里。真关怀、真服务，在教师情绪低落、工作困难时，园长要主动伸出援手，使其感受到园长对他的重视。园长在关心教师生活的同时，多听取大家的心声，时刻传递尊重和关爱。让教师感受到在这里工作很幸福，既能实现作为教师的幸福体验，也能实现作为其他社会角色的幸福体验。

幸福的关键是让教师有归属感，让教师感受到幼儿园的和谐氛围、同事间的友爱真诚，感受到自己是园所的主人。

三、服务原则

园长要坚持“全心全意为教师服务”的基本理念与原则，做到真正把每位教师放在心里，做到真关怀、真服务。作为园长，要洞察每位教师的心理变化与思想动态，注重自身的人格修养和专业提升，真正和教师平等相处。

四、发展原则

园所需要发展，其关键之一就是教师的发展。当教师感受到园所的支持，获得个人专业提升时，成功的体验会激发其更好地为园所服务。每位教师的潜能都是巨大的，优秀的园长要善于为教师的专业成长搭建平台，为教师的成长“铺路筑桥”。为教师提供发展的条件和机会是幼儿园的动力系统，能够使每位教师找到自己的位置，发挥出自己的潜能。

发展是教师的专业成长，亦是教师综合素质的提升，只有在实践中不断发展，教师才能够体验到职业带来的深层次的幸福。

第三节 稳定教师队伍的实施途径与方法

园长要爱才、惜才、尊才、用才，知人善用，人尽其才。园长要擦亮眼睛辨才，多方了解识才，大胆果断用才，处处关心爱才；不要良莠不分，不要心存偏见，不要嫉贤妒能，不要用人唯亲。园长要整体规划，让人人看到希望，同心协力，促进幼儿园的发展，提高幼儿园的实力。

一、环境育人，文化聚人

良好的园所物质可以让人安心工作，身心愉悦。要营造良好的人文环境，弘扬充满正能量的团队精神，文化作为一种环境教育力量，对教师快乐工作有着巨大的影响。

（一）创设舒适的物质环境，营造良好的工作环境

幼儿园物质文化是园所文化的物质层面，是园所自然环境和人文底蕴的综合体现。幼儿园物质文化建设是精神文化建设的基础，体现着园所文化的整体品位，更与精神文化有着相互促进、相互依存的关系。物质文化具有教育功能、示范功能、凝聚功能、创造功能、熏陶功能等，能为教师和幼儿良好心理品质与正确价值观的形成奠定坚实基础。

良好舒适的工作环境和氛围是激发教师工作热情的重要因素。管理者要为在职教师创造良好的工作氛围，让他们在工作中获得良好的情感体验，进而产生工作热情。

（二）文化凝聚思想，达成共同发展愿景

园所文化是一所幼儿园的核心与灵魂，是幼儿园品质与内涵的体现，是幼儿园生存与发展的动力和源泉。园所文化是引领幼儿园长远发展的关键性因素，而园所文化的建设要以幼儿园的价值追求为基点，充分考虑文化建设中各个因素的互动关系及表达方式，强调文化建设的整体性。只有系统地运用好幼儿园文化的各项元素，将内隐层面和外显层面的因素加以整合，才能真正促进幼儿园文化品位的提升和战略目标的达成，才能对教育的深层次发展产生影响。

一个团队，不是靠人多而是靠心齐，只有大家心往一处想，劲儿往一处使，才能共同进步。园所要有自己崇尚的文化倡导、办学理念、管理思想等文化及管理核心，并且让教职员工明确，在团队中既要有自己主体的思想认识又要尊重客体的要求与管理，慢慢形成大家认同的园风、园所氛围、思维模式、行为模式、价值观等，让不断进入的新人融入其中，成为带有标志性的、有文化符号的团队一员。

园长要鼓励、支持教师建立个人愿景，树立人生目标，与此同时，也要广开渠道，向教师征集幼儿园的发展愿景，并以此来激励队伍，凝聚民心，共同谋划

幼儿园的发展愿景。在这个过程中，个人目标和团队目标有机整合，在这样的愿景下，每位教师都能感受到自己的责任和使命，在实现共同愿景的过程中找到自己工作的价值和意义，实现属于每个人的人生愿景。

二、双激励，满足教师需要

所谓双激励，就是精神激励和物质激励，通过两种激励方式，满足教职工精神、物质上的需求。精神激励和物质激励紧密联系，互为补充，相辅相成。精神激励需要借助一定的物质载体，而物质激励则必须包含一定的思想内容。而且，只有精神激励手段和物质激励手段相结合，才能收到事半功倍之效。

每位员工工作的目的不同，“有一份收入”“对社会尽责任”“实现自我价值”“能够得到高度认同”等，诸多原因都可以归结为两点：满足基本的生活需要、实现个人价值的需要。马斯洛认为，在人自我实现的创造性过程中，会产生一种所谓的“高峰体验”的情感，这个时候是人最激荡人心的时刻，是人存在的最高、最完美、最和谐的状态，这时的人具有一种欣喜若狂、如醉如痴、销魂的感觉。园长不仅要保障教职工的基本权益，更要为其自我实现的需要而不懈努力。

园长要稳定教师队伍，不仅要善用精神激励，而且要辅以适当的物质激励，两者相互结合，才能让教师精神、物质双丰收，让教师有尊严地工作。

(一)精神激励，满足精神需要

精神激励即内在激励，是指精神方面的无形激励，包括向员工授权，对他们的工作绩效的认可，公平、公开的晋升制度，提供学习和发展，进一步提升自己的机会，实行灵活多样的弹性工作时间制度以及制订适合每个人特点的职业生涯发展道路等。精神激励是一项深入细致、复杂多变、应用广泛、影响深远的工作，它是管理者用思想教育的手段倡导园所精神，是调动员工积极性、主动性和创造性的有效方式。

1. 情感关注，营造团队氛围

阮籍在《咏怀》中说：“开轩临四野，登高望所思。”园长是一个园所发展的带头人，园长的行为方式主要指自我管理、领导风格(即个人魅力)、领导方式(领导他人和领导团队的方式)。园长思想开放，善于思考，处事冷静，观点成熟，关注教职员工的情感需求，逐渐凸显出其前瞻性及独特的领导风格。

“亲和型”园长，即关注教职员工的情感需求，情感是影响人们行为最直接的因素之一，任何人都有渴望各种情感的需求。这就要求领导者要多关心教职工生活，关心教职工的精神生活和心理健康，提高教职工的情绪控制力和心理调节力，努力营造一种相互信任、相互关心、相互体谅、相互支持、互敬互爱、团结融洽的氛围。

2. 善用榜样，激发前进动力

人们常说，榜样的力量是无穷的。绝大多数员工都是力求上进而不甘落后的。有了榜样，员工就会有努力的方向和赶超的目标，从榜样成功的事迹中得到激励。因此，园长要善于发现人才，树立什么样的榜样与园所的倡导有很大关系，如专业进取、勇于创新的榜样，具有奉献敬业精神的榜样。明确榜样目标，对于“榜样”教师是一种肯定性激励，对于其他教师是一种目标激励。

在日常工作中也有很多优秀教师，他们的事迹与教师的距离更近一些。因此，也可以通过政治学习、道德讲堂等活动，宣传正能量，用身边人教育身边人。先进典型的引领，激发干部、教师们立足本职工作，树立正确的价值观，高标准地开展日常工作。让每一位教师看到未来的希望，也让每一位教师认识到踏实、认真地面对每一天的工作与任务，就是为明天成为优秀的人做准备，教师们无须监督也会自觉地、高质量地完成每一天的工作。

3. 巧用表扬，满足心理需求

表扬是一门管理艺术，在园所管理中发挥着重要的作用，能极大地调动教职工的积极性和创造性，提升教职工的执行力和创造力，让大家从中得到自信、尊重、肯定和鼓舞，让教职工对自己好的行为得到认可，有利于园所各项工作的正常有序开展，驱动园所和谐发展。

用人之长，天下无无用之人，用人之短，天下无可用之人。一位充满智慧的管理者，会擅用表扬，拥有以上善于发现优点的眼睛。表扬的方法，通过给予表现优秀的教职工奖状、口头夸赞、表扬等方式，使教职工获得心理上的满足。纵观我们的管理者，往往善于发现教职工的问题，总担心失去自我所谓的“威严”，采取强硬的管理方式，令人“不寒而栗”，敬而远之；反之，采取表扬的方式，用放大镜去发现每个人的长处，在艺术化管理的过程中，可以使教职工获得心理上的满足，使其更加安心工作。

(二)物质激励，满足生活需要

物质激励是指运用物质的手段使受激励者得到物质上的满足，从而进一步调动其积极性、主动性和创造性。物质激励有资金、奖品等，通过满足要求，激发其努力工作的动机。它的出发点是关心教职工的切身利益，不断满足人们日益增长的物质文化生活的需要。

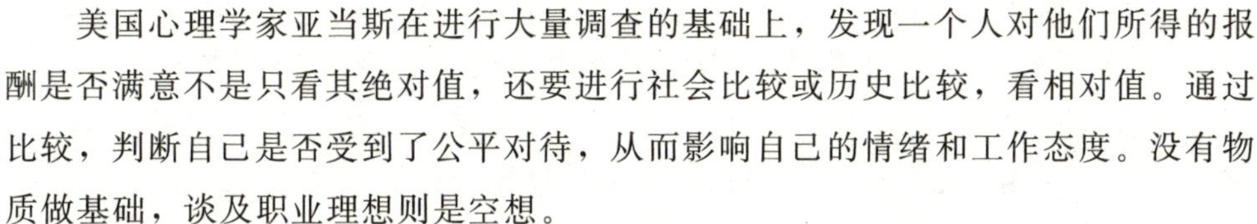

美国心理学家亚当斯在进行大量调查的基础上，发现一个人对他们所得的报酬是否满意不是只看其绝对值，还要进行社会比较或历史比较，看相对值。通过比较，判断自己是否受到了公平对待，从而影响自己的情绪和工作态度。没有物质做基础，谈及职业理想则是空想。

因此，我们在考虑物质奖励时要统揽全局。例如，在制定绩效工资奖励方案时要系统思考，即回顾以往的方案，同时要思考方案是否有激励性、前瞻性。

1. 制度保障，有效激励

物质激励应与相应制度结合起来，制度是目标实现的保障。例如，物质奖惩标准在事前就应制定好并公之于众且形成制度稳定下来，不能靠事后的“冲动”，想起来则奖一下，想不起来就作罢，那样是达不到激励的目的的。物质激励绝不是园长或领导班子的决定，物质激励的前期制度的建立必须经历从上至下再从下而上的完整过程。

2. 公正激励，调动积极性

园长要在正确理念的引领下、在政策允许的范围内，为职工争取合法权益。物质激励，往往伴随着教师的自我价值感。物质激励必须公正，同时也要考核绩效。一方面在政策面前，必须对所有职工一视同仁，按统一标准奖罚，不偏不倚；另一方面，按劳分配，多劳多得，加强考核与评价，严格制度建设，结合每位教师的实际付出，给予适宜的激励，起到调动教师积极性的作用。

3. 按劳分配，正面激励

园长要善用物质激励，激发教职工的内驱力。通过激励，使教师看到自己成长的轨迹，明确发展的方向。

以往的研究表明，平均分配的物质奖励等于无激励，所以我们在制定奖励分配方案的过程中，必须按劳分配；与此同时，要合理拉开距离，使教师感受自我价值。同时，要加强正面激励，使减分项变为加分项。

案例　变负为正的北海星制度

当前，我园教职工呈现发展需求的多样化，为了帮助每一位教职工找到专业发展的生长点，挖掘每个人的闪光点，激励教职员工以更加积极的心态、饱满的热情投入工作，我们在教职工的考核评价中引入了“北海星”制度。

该制度最基本的做法是依据教职工对个人专业化的发展及园所发展的贡献

率给予相应数量的“北海星”，在学年末的岗位聘任、评优评先中，同等条件下，得“北海星”多者优先考虑。这样的做法能够体现多劳多得，优质优酬，有利于在教师中树立先进榜样，传递正能量，营造积极向上的氛围。该制度实现了管理的科学化、规范化，量化标准，支持教职工的专业化发展，激励全体教职工以幼儿利益为重，为园所发展贡献智慧和力量。

（本案例由北京市北海幼儿园提供）

可以说，在上述案例中，幼儿园将“减分”的管理变成了“加分”的管理，最大程度地激发了教师专业发展的积极性和主动性。

三、成就自我，享受幸福

苏霍姆林斯基曾说过：“我坚定地相信，儿童在认识周围世界的同时，应当认识自己，应当充满一种深刻的自我肯定的情感。”自我肯定是自我教育之母。自尊是一个人的荣誉感、名誉感最强大的源泉之一。园长不仅要致力于提高教师工作的自主性，充分调动教师的内驱力，而且要结合每位教师的特点，抓住其专业发展的生长点，帮助其建立自信。管理者应根据教师发展的特点和个体差异，提出适合其水平的任务和要求，确立一个适当的目标，使其经过努力能完成。教师努力达到目标后，会产生成就感与自信心，感受到职业带来的幸福感。

（一）明确定位，规划个体发展方向

每个人在群体中都有自我的定位，通过教师的交流沟通、幼儿园丰富的活动，教师都会在群体中找到自己的位置。在文化精神的倡导下，教师要自我评价、自我反省、自我调控和自我教育，在自省中总结过去、规划未来，确定自我发展目标，规划自我发展方向，努力做更好的自己。

作为园长，应把激励作为重点，引导教师正确看待自己，引导教师更多地发现自我的优势，同时正视自我的不足。对于一些工作消极的教师，园长更要给予关注、给予期待，激励其不断发展。

（二）关注个体差异，促进个性化发展

1. 用心指导，助推成功

每个人都想获得成功，而在有困难时得不到他人的帮助与支持，就有可能与成功失之交臂，这种挫败感通常会给个体带来一生的遗憾；反之，如能获得及时

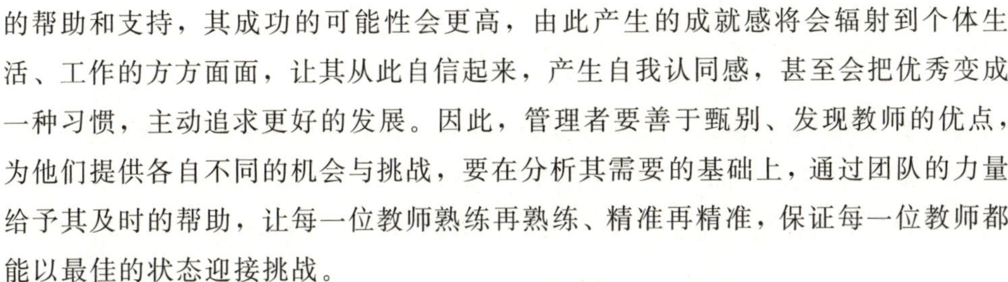

的帮助和支持，其成功的可能性会更高，由此产生的成就感将会辐射到个体生活、工作的方方面面，让其从此自信起来，产生自我认同感，甚至会把优秀变成一种习惯，主动追求更好的发展。因此，管理者要善于甄别、发现教师的优点，为他们提供各自不同的机会与挑战，要在分析其需要的基础上，通过团队的力量给予其及时的帮助，让每一位教师熟练再熟练、精准再精准，保证每一位教师都能以最佳的状态迎接挑战。

2. 科学竞争，挖掘内驱力

任何一个人只要缺少竞争都会缺少改变现状的动力。为支持园所的可持续发展，幼儿园组织应开展不同层面、不同内容的评比。例如，组织开展办公室、工会小组、青年教师学科团队间的评比活动，能有效激发教师的竞争意识。

评比是手段，互助是方法，团结是结果。建立多样的竞争平台，制定清晰、科学的评比标准，组织多种多样的评比活动，促进教师之间的互相评比，从而激发内驱力。教师只有互相取长补短，团队精神才会日益壮大。

3. 创造机会，提供发展空间

给教师提供广阔的工作空间，创造更多的工作机会和成长空间，引导教师找到自己感兴趣的领域，在平凡的工作中看到希望、收获幸福。为此，管理者要认真细致地分析每位教师的特点，为他们搭建需要的平台，如让有组织管理能力的教师承担组长、班长的任务，让教学能力强的教师承担活动展示任务，让有创意有妙招的教师策划大型活动，让细致认真的教师整理档案资料等。各展其能、各尽其才，让每位教师都能在自己喜欢、擅长的领域感受成功的快乐，由此他们才能产生远大的职业理想和坚定的职业信念。

有关研究表明，一个人在报酬引诱及社会压力下工作，其能力仅能发挥60%，其余的40%有赖于领导者去激发。园长要为教师搭建挑战自我、超越自我、享受成功的平台，促进教师自我实现，为教师提供岗前培训、研讨、交流，岗中练兵、互动、学习，岗后反思、梳理、总结，对内同伴分享，对外辐射带动，帮助不同层次、不同类型的教师，把握专业发展规律，积累自我进步增长点，把控自我成长机会，激发其内在的动力，让教师在战胜自我、挑战极限、收获同行认同、积累成长成绩中，体会自己职业的价值，享受自我成长的喜悦。

(三)形成优秀团队，让优秀成为习惯

因为专业所以幸福，教师队伍的专业化程度直接影响园所质量，而让优秀成为习惯绝不是纸上谈兵，需要园长明确管理思路。

1. 逐层培养，筑就成长路

正如每朵花开放的时间不同，教师专业化成长的步伐也不尽一致，管理者对教师的要求应该有所区别。从培养方式上来说，应将从前那种“各个蚂蚁捉上树”的策略调整为“先让一部分人优秀起来”，即首先培养有需求的教师，手把手地教，面对面地引，帮助他们不断完善，努力成长为德才兼备的人，然后逐步信任、放手、压担子、铺路子，指导他们去辐射和带动更多的教师，与此同时，引领骨干教师感受帮助他人成长的快乐。组建个性化的教师团队，让教师们在团队中自我管理、自我约束、自我学习、自我规划、自我挑战、自我成长。

2. 积淀成果，体验成就感

许多幼儿园教师都感觉很忙，但又缺乏成就感。园长需要努力把教师们的所做、所思、所悟整理成看得见的成果，让他们对自己的付出有一种实在的收获感。例如，可以把精心策划组织的各类活动会集成册，既让大家学会反思和整理，又为后来者提供借鉴参考，同时实现资源共享、彼此奉献，通过集体化的研讨让教师产生成就感。幼儿园还可以用表格汇聚并呈现大家的工作业绩，期末共同分享彼此的荣誉和快乐，让所有教师不断体会事业的成就与幸福。

四、心有所属，体验归属感

从心理学的角度来讲，每个人在世界上要保证快乐的生活，必须有一份自己钟爱的事业或一个充满吸引力的团体值得他全身心地投入与奉献。一个人对某事物的归属感，可以影响他对事物的忠诚度。如果教师们能够在一个被关注、被认同又认同园所文化倡导的园所里，园所的荣与辱、园所的发展与成熟、园所的每件事都和自己有关系，园所的成长和个人的成长息息相关。

（一）营造和谐氛围，形成和谐人际关系

人的知识、技能、毅力、热情和爱心都属于人力的方面，这些品质合起来被称为人力资本。作为管理者，就是对人力资本进行投资，让它发挥最大的作用，同时这种资本本身也因此而不断发展。

1. “诚”字为先，相互支持

以诚待人是处理人际关系的有效方法。真诚，就是实在、真挚，以心换心，将心比心，不搞虚情假意、不欺骗、不做作。真诚是人的内心情感的自然流露，只有真诚才能感染人、打动人，使人心悦诚服。对于幼儿园来讲，无论是管理者还是教师，都应该真诚相待。管理者应具备的良好职业品质，是建立管理者与教

师良好关系的关键，这是建立和谐人际关系的重要途径。此外，管理者与教师之间的相互关心、相互支持和相互配合也很重要。只有心往一处想，劲儿往一处使，才能形成合力。

2. 发扬民主，集思广益

对于一个部门和集体来说，决策是相当重要的。因为有决策就会有政策、计划和方案的产生，而相应的政策、计划和方案的实施，肯定会带来相应的后果。这个后果涉及和影响的是整个部门和集体成员的生活、工作和学习等各个方面，这个后果往往会产生连锁反应。因此，幼儿园的决策，关系到每位教师的切身利益。在决策时，应倡导民主决策，鼓励教师对本部门的各项工作提出意见和建议，在充分讨论的基础上形成共识，还应倡导团结协作、友爱互助的精神，尊重和依靠每位教师的智慧和力量完成部门工作。管理者与教师之间要多交流，上下贯通，集思广益，努力创造一种轻松和谐的人际和工作环境。

3. 沟通交流，和谐发展

沟通应是两方面的，一方面是教师之间的沟通，使教师们有时间在一起交流，并且成为朋友，彼此关心。忙碌的工作现状使教师间沟通的频率减少，使教师们孤立在自己狭小的工作范围内没时间相互熟悉。没有交流就会因小事产生误解，对工作中的事情产生分歧，这对和谐氛围的创设是非常不利的。另一方面，作为管理者，有责任与每位教师进行沟通交流，了解教师的思想动态，帮助教师减轻压力，积极迎接挑战。有效地沟通对教师间和谐关系的建立、幼儿园和谐氛围的营造起着至关重要的作用。

4. 凝聚关爱，学入人心

在“家”中应处处充满爱，从园所的党政工团入手，从关心教职工身心入手，在紧张的工作之中，关爱的活动不仅能够缓解工作的压力，而且能够使大家的心贴得更近。

案例　“四关爱”凝心聚力

翠城幼儿园从四关爱入手，凝聚团队力量。一是从“心”开始，党政工团携手打造了心理健康室，为教职工提供心灵沟通场所，化解矛盾，减轻工作压力。二是从“动”开始，党政工团组织开展了“我运动、我健康、我快乐”春秋运动会，不仅缓解了教职工紧张的工作压力，也加强了教职工之间的交流与沟通。

三是从“说”开始，通过“爱要大声说出来”“玉石成翠，爱的奉献”等主题演讲，引领大家学会表达、善于表达。从身边人开始，爱就要大声说出来。四是从“吃”开始，冬天饭菜容易凉，园里及时投入了自助餐保温餐盘，及时解决了问题。秋冬季是传染病高峰期，工会为教师设计营养均衡的食谱，从主副食搭配到营养水的熬制，避免教师上火生病，保证出勤。通过四关爱的实施，大家感受到了来自园所大家庭的温暖，营造出和谐的人际关系，团队也更加有凝聚力。

（本案例由北京市朝阳区翠城幼儿园提供）

（二）关注每位成员，形成归属感

作为园长，虽然日常事务繁多，但有一点至关重要，就是心中装着每位教师。看似简单的一句话，如何落实，则需要园长睿智地思考、智慧地行动。“人心”也许就在点滴小事中聚拢，作为园长，没有架子，将自己作为一个普通教师考虑问题，对教师给幼儿园提出的合理化建议、诚恳的批评，应给予肯定性的评价，或采纳或解释，使教师在精神上得到满足和安慰。人文关爱，直达教师内心，暖到心底，引导教师主动参与到学校管理与决策之中，逐步培养起教师对幼儿园的信赖感。

1. 自我成长中——被关注

每个园所都有不同性格、不同特点的教师，有的善于表达，有的默默无闻，有的不善言辞，有的性格外向，有的勤奋肯干，有的高度自觉，也有的需要被时刻提醒着。每位教师都是不同的，如何走进每位教师的内心，需要园长从不同侧面加强对教师的了解与沟通，让教师感受到自己在园长心中有位置。

2. 园所团队中——被认同

在团队中被认同是一个激发教师主动成长与发展的过程，让不同层级的教师感受到在队伍中有价值，才会让教师在自我完善中成熟与发展，让教师们看到优秀就在我们身边，优秀不是可望而不可及，伟大是从平凡开始的，优秀是从平庸开始的。成为伟大与优秀的人，是从小事做起，从点点滴滴开始的。当赢得团队成员的认同时，会形成心理认同，最终形成家的归属感。

第四节 案例解析

一、园所发展与自身发展

案例一 彼此成就，铸就愉快旅程

园长的风格影响着园所的风格，每个园所的现实情况存在着一些差异。因此，面对这个变幻莫测的世界，不存在“包治百病”的方法，有的只是一些理念与原则，而最重要的是——方法是存在于理念之中的。这里的理念就是我们管理者的文化价值观、工作观、教育观、教师观、管理观等，这些园所倡导的文化是园所发展的核心。

我曾经问我身边的朋友我们每天上班是为了什么，最多的回答是养家糊口。这没错，然而，我们是否想过实现养家糊口的过程？每天的工作应该是寻找快乐的过程，是愉快的旅程。

我们经常拼命地奔跑，而忘记了为何出发，不断地折腾，却是南辕北辙。作为管理者，在匆忙的行走中，需要给自己留些“坐而论道”的时间，那就是思考与探讨：我希望把园所建设成什么样？什么风格？什么特色？我们的教师队伍是什么样？我怎样创造条件？创造什么条件使大家成为那样？作为园长，不仅是园所的领导者、管理者、策划者，更是园所文化的开发者和建设者。让每一个员工面对新的园所、新的领导、新的同事、新的环境，感受到自己的存在感，被发现、被信任、被关注、被认可，每个人在这里都能够成长与发展。让管理成为有温度的管理，让教育成为有温度的教育。

一、尊重中营造“和谐氛围”

有些快乐是需要领导者有意为之的，为教师营造快乐的工作氛围、工作环境，需要领导与教师建立以“尊重”为前提的和谐平等的人际关系。

管理是体现爱的过程，教师需要得到应有的尊重和关爱，每位教师都渴望得到理解和信任，都有强烈的自尊心和进取心，领导要了解教师的心理需求和物质要求，公正地评价每位教师，要让教师的精神和物质双丰收。只有这样，教师才会尊重管理者，并对园所产生信任。

每个人都有自己的家，在家中每个人都有归属，为什么呢？因为在家中有宽松自主的氛围，有家人的关爱。作为新建园，大家来自不同的地方，因为缘分凝聚在一起。所以，从建园初期开始，园长就要树立一种“让每个人都找到存在感”的决心。

在建园初期肯定有很多工作要忙，装修、招聘、招生……但千万不要乱，因为你是大家的主心骨，对待教师们也要像对待家人一般，让那些远离亲人到此工作的教师们，感受到心灵的温暖。也许开学很忙，也许工作很累，但如果有园长处处为他们着想，处处体贴入微，他们自然会喜欢这个家，把自己也作为家庭的一分子，“家里”的事情自己有话语权、“家里”的事情自己有策划权、“家里”的成果也有自己的努力，“家里”的一切与自己有关。

“芝”是一个努力向上的学生党员，能够入职是顺理成章的。在工作中，我发现她非常敏感、警觉，自我保护意识非常强，春节家访时我发现她母亲这一角色是空的，由于是个人隐私，我从不问，接下来的工作中对她多了几分关注、关爱、关怀。

有一天，“芝”不舒服没有来上班，由于她是租房住的，想着她一个人孤独地面对着空屋子和疾病，这比屋外的严寒更加让人心冷。人们在生病时会更想家，更想亲人，中午我和工会主席带了饭菜和鲜花去看她，并像一个絮絮叨叨的妈妈，嘱咐她睡觉盖好被子，趁热把粥喝了，多喝水，多吃青菜、水果，养好了病再上班。

当她端起粥时，眼泪像断了线的珠子，扑簌簌地滑落，我马上察觉到触动了她那脆弱的敏感地带了，于是我拍拍她的头并开着玩笑说：“没事，别怕，这几天你都会有甜粥喝。”

事后“芝”跟我说，我们走后她自己躺在床上，脸庞淌着热热的泪水，肚子里装着暖暖的甜粥，心里揣着浓浓的感恩。“那粥太像小时候妈妈给自己做的了！”自己从没想到在单位，同事能像亲人一样，更没有想到领导能像亲人一样关爱自己、关心自己、安慰自己、温暖自己。为自己能在这样的大家庭成长而感到幸福，同时，下决心为这个大家庭刻苦奋斗。

人在最脆弱的时候对园所的依赖会更加强烈，园所管理者要善于发现员工的需求、员工的难处，要善于抓住关键的人、关键的事，只有想之所想、急之所急、惜之所惜，才能拉近员工与园所的距离，才能让员工对园所充满信任，从而产生对园所的归属感。这是任何语言的表达都无法达到的效果。

二、激励中建立“愉快的旅程”

管理不是学出来的，而是做出来和悟出来的。作为园长，要用敏锐的眼光去认真捕捉每位教师的闪光点，用欣赏的眼光看教师，把管理的过程当作“激励人、服务人、成就人”的过程。对于教师在工作方面出现的问题，要善意地指出，让教师充分体会到领导充满“爱的关怀”。

每个园所都有能说会道的教师，也有默默无闻、不善言辞的教师；每个园所都有鬼灵精怪、处处出彩的教师，也有反应慢半拍却勤奋肯干的教师；每个园所都有爱耍小聪明需要经常有人监督的教师，也有踏实努力、高度自觉的教师；但无论哪类教师，都要让其感到自己在园长心中有位置。这样才会让每个人都有信心、有决心做好每一件事情，才能不断在管理与修炼中自我成长。

（一）被风吹散的蒲公英

刚刚毕业的“垚”，像所有的毕业生一样，怀揣着对幼教事业的好奇与期待，一股脑扎进工作中，投入百分之百的热情与努力。园所突然毫无征兆与解释地要求她与同伴分别去不同的地方支教。那段时间“垚”的回忆是灰色的，每天回家都会以泪洗面，从那个时候开始，“垚”慢慢封闭自己，不愿再和别人袒露心扉，并且在新的环境中，觉得自己孤立无援，毫无安全感。即使是现在的“垚”，回首过往，依旧能够感受到自己当时的那份彷徨与迷惘，就像被风吹散的蒲公英，找不到可以驻足的地方。

（二）警觉的小松鼠

由于之前调动的经历，刚来园里时，“垚”总是面无表情，走到对面也不会打个招呼，像个警觉的小松鼠。我觉得很奇怪，于是频繁地进班，观察她的行为，了解她工作的状态（真怕她有什么心理疾病、真怕她对班上的孩子不好），害怕她敏感，进班时经常是去和别的教师沟通，眼睛却一直停留在她的身上。通过多次观察，我发现“垚”和孩子们在一起时完全变了一个人，声音温和、语速稍慢、羞涩的微笑经常挂在脸上，和孩子们交流时也不忘蹲下身来。于是我认真地对她说：“我相信，你一定是爱孩子的好老师，心里有什么不快，有什么问题一定要说出来，我很担心你的状态，不愉快的工作是可怕的工作。”后来“垚”说，那一刻她觉得我一定看到了她的内心深处。那一刻，她在心里告诉自己，也许自己选择了一个正确的未来。

（三）梦里不能回去的老地方

“垚”察觉到自己的改变，是从一个梦开始。梦里自己回到了最初的园所，但是并不快乐，哭喊着说不要在这里，想回去……一晚上的内心挣扎直到早晨还历历在目，醒来全是庆幸，还好只是一场梦，因为自己还在这里。

渐渐地，大家都说“垚”变了，开始和同伴一起打趣、玩笑；可以和大家一起肆无忌惮的开怀大笑；见到领导也能侃侃而谈……其实“垚”知道，自己已经卸下伪装和防御，用心去接纳，用行动去融入，不单单找回了失去的安全感，更是得到了归属感，让自己愿意去努力，竭尽全力做到更好。

让每位教师看到自己的未来，也让每位教师认识到踏实、认真地面对每一天的工作与任务，就是为明天成为优秀的人做准备，教师们无须监督也会自觉地高质量地完成每一天的工作。同时，教师们的成长是一天天积累出来的，当有一天他们看到自己的成长，一定是极大的鼓励与肯定。

这种教师的内驱力是自觉地流淌出来的，有利于教师个人的成长。当教师感受到同事与领导的人文关怀，感受到公平和谐的沟通与合作，感受到领导处事的大气和简单的工作关系时，会自然而然地产生对园所决策、园所未来的认同感和信赖感。

三、结果中呈现教师自身价值

俗话说，用人之长，天下无无用之人；用人之短，天下无可用之人。如果说在认同园所文化过程中，有被动接受的成分，那么，在团队中被认同，则是一个完全激发教师主动成长与发展的过程。园长在建园初期急需教师的情况下，招聘的教师差异性也会很大，如何让他们在工作中树立信心是至关重要的。作为园长，要努力发掘每个人的长处，在肯定的同时，使其在集体中有展示自我的机会，使其体验成功的快乐，感受来自领导、伙伴的认同。自然而然，他们就会找到自己在集体中的位置。

当大家一起描绘共同愿景，愿景就在离我们不远的前方，愿景是看得到、摸得着、具体化、大家可以理解的共同目标。大家共同规划前进的路线，打造高绩效的战略执行流程。

（一）人人有机会

这就需要建立长效机制来体现，根据不同情况建立各种奖励制度。作为教师，既要让其感受到在园所的幸福感，同时也要看到自己的在这个团队中的价值，看到自己的成长。共同参与的奖励，如各种评优评先，一定是本着公平、公正、公开的原则，人人有机会，人人有发展；也有个性奖励，可借助教师节、五四青年节等，为有突出成绩或进步幅度较大的教师、班集体予以表彰，如最有创意教师、最具凝聚力团队等。

（二）人人可以优秀

让教师可以充分发挥出自身的优势，同时园长要关注每位教师在这个过程中的反应，因为每位教师的心态、站位、出发点各不相同。对失败的教师，园长要赏识他的工作热情和能力，给予他新的机会；对自卑的教师，要赏识他在小事上的成绩，逐步安排难度较大的事情；对幕后辛劳的教师，要亲临抚慰，公开赏识；要做到这些，就需要园长及时去倾听、去了解、去交流，不断激发教师动力，让其动力源源不断，这样才会让教师在自我完善中成熟与发展，看到自身价值。

（本案例由北京市朝阳区三里屯幼儿园提供）

案例分析

我们的教育有温度，我们园长的管理有温度。在这样的团队中，每个人都能被信任、被关注、被认可，大家彼此成就，团队人心凝聚，充满了力量。我们看到，虽然在园所发展中会遇到种种困难，但因为管理者的风格影响，一切困难都会迎刃而解。那么，当自身发展与园所发展彼此成就、融为一体的时候，这何尝不是一场愉快的旅程呢。

记得一本书说过，管理既是一门科学，也是一门艺术。做好管理工作，要有管理的智慧，它决定管理成功的速度；要有管理的情怀，它决定管理成功的方向和质量；要有管理的勇气，它决定管理成功的高度。作为园长，就要用智慧、情怀、勇气让教师在一个有爱的园所里，彼此成就，荣辱与共，即使经历风雨，艰难困境，依然迎难而上，创造奇迹。

作为园长，要让每位教职工找到归属，快乐工作应成为共同努力追求的目标。拥有教育的情怀，做有温度的管理，关注每个人的同时，助推每个人的专业成长。园长要用艺术的管理，拉近人们的距离，使个人与集体融为一体。这样的团队和谐共荣，这样的队伍稳定进取，每位教职工“乐”在其中，大家一起开启幸福、愉快的旅程。

二、人生观与价值观

案例二 育人先育魂，做事先做人

园长要稳定教师队伍，要从提高教师思想认识，树立正确的认识做起，引领价值观和积极的工作心态。

一、以“三个引领”树立正确的价值观

“育人先育魂，做事先做人”，我们以三个引领培养教师不断提高思想认识，高站位、高标准地开展日常工作。

(一)以政策方针为引领，培养干部高标准开展工作的能力

学习党和国家的最新政策与方针，是培养正确价值观的关键点。我们及时学习“政府工作报告”，学习十八大报告精神，学习市区关于学前教育的最新指示，领会国家的政策精神。例如，我们及时学习十八大精神，开展形式活泼的“中国梦·教育梦·北幼梦”活动，活动分为“畅想中国梦、解读中国梦、践行中国梦、唱响中国梦”四个环节，引领教师们在轻松愉快的氛围中领悟中国梦的重要意义，在优美动听的自编歌曲中深化践行中国梦、教育梦、北幼梦的美好愿望。活动结束后，教师们久久不愿离去，一起交流着活动感悟，纷纷表示此类活动深入人心，使教师们获得心灵上的感悟和思想上的提升。

(二)以优秀典型为引领，培养干部高质量开展工作的能力

我们组织学习霍懋征教育思想，学习石利颖先进事迹等活动，让教师们在先进典型的引领下，树立正确的世界观、人生观和价值观。例如，在学习石利颖先进事迹活动中，教师们把学习感悟写在精心设计的“花瓣”上，最后汇聚成美丽的花的海洋，让学习更有乐趣，让感悟更深入人心。我们把这些精彩语录集结成册，做成“教师语录”，作为对教师们的一种激励与支持。此外，在我们的工作中也有很多优秀教师，他们的事迹与教师的距离更近一些。因此，我们也通过政治学习、道德讲堂等活动，宣传正能量，发扬优秀典型的引领作用。先进典型的引领，激发干部、教师们立足本职工作，树立正确的价值观，高标准地开展日常工作。

(三)以思想理念为引领，培养干部高水平开展工作的能力

我们借助“道德讲堂”“政治学习”等活动平台，开展教师的思想建设工作，努力探索与构建师德教育课程，提升教师的思想认识水平。

例如，我们开展了“增强责任意识，升华育人美德”“感念师恩，感怀师爱”等道德讲堂活动，活动以唱歌曲、学模范、诵经典、发善心、送吉祥为线索，引领教师们在触动人心弦的故事中得到情感的碰撞，我也被邀请给教师做“学模范”的师德讲座，在讲到身边的优秀教师爱孩子、爱事业的感人事迹时，很多教师潸然泪下，在“送吉祥”的环节中，一朵朵小花被互相传送，大家表达着

感恩之情，教师们在潜移默化中得到了思想的提升。

二、以“五个一”树立积极的人生态度

我们提倡“干部要做太阳，照到哪里哪里亮，不要做月亮，初一十五不一样”。意思就是，作为一名管理干部，要具有积极的人生态度，对周围的环境起到积极的引领作用。我们从“五个一”进行培养。

(一)树立一个目标，实现幸福人生

幼儿园教师工作很辛苦，教师们敬业爱业，为了工作加班加点。作为管理者，我看在眼里记在心里，我要求自己努力寻求事业与家庭的平衡点，提出了要让教师实现“6归1”幸福模式的目标，即要让教师做称职的女儿、儿子，称职的妻子、丈夫，称职的母亲、父亲，称职的教师，称职的自己，称职的公民(社会责任感)，从而实现自己的幸福人生。

(二)创造一点快乐，营造积极氛围

在“双快乐、双发展”理念的引领下，我们提出，在工作和生活中“创造一点快乐”，营造积极、快乐的氛围。我们注重让每一位教师快乐地工作，美丽地工作，园长将自己向别人学习的自制面膜，在工会活动中向教师们推荐，教师们都是爱美的，纷纷抢着试用面膜，这种面膜成本低，祛皱美白效果好。

材料：核桃仁2克，杏仁1克，木瓜(去籽去皮)半个。方法：研磨粉碎后，与猪油均匀搅拌，使用时，随用随取，与适量蜂蜜进行搅拌，均匀涂于面部，20分钟后清洗面部。主要功效：祛痘、祛皱、美白。温馨提示：面膜在冰箱冷藏，保质期5～6天。当看到教师们脸上绽放出美丽的笑容时，我们内心也更坚信自己的理念，一定要让教师发自内心地、快乐地工作，这样，这种快乐才会像涓涓细流，流进孩子们的心田。

(三)推荐一本好书，升华育人美德

为营造书香校园氛围，不断升华教师育人美德，增强教师职业幸福感与责任感，我们开展“推荐一本好书”的活动。例如，近年来，我分别向全体干部、教师推荐了《做最好的自己》《为自己工作》《第一次把事情做对》《中国梦》等图书，通过导读、共读、精读等环节，让大家在书中寻找人生真谛。我们与时俱进，学习中国梦的精神，阅读关于中国梦的书籍，作者刘明福在《中国梦》一书中系统阐释中国梦的内涵，论述了中国的目标、道路及自信力，让我们从一个全新的视角理解中国梦，提高了思想认识水平。

（四）寻找一个感动，培养积极心态

为了使大家向身边的优秀教师学习，营造积极氛围，我们开展了“寻找一个感动”活动，开设了“感动幼儿园”专栏。专栏中有来自教师们的表扬信，有来自孩子们的表扬信，也有来自家长的表扬信。一个个“感动”激励着大家，让我们心存感恩、心态积极，传递正能量，促进新发展。

（五）组织一次活动，放松教师身心

在教师们紧张的工作之余，组织有意义的活动，不仅能让教师放松身心，还能让教师以更加饱满的状态投入工作。例如，在我国传统节日端午节前夕，我园党政工团联手组织了“粽香浓浓情系师生，歌声飘飘爱满北幼”活动。通过包粽子、编五彩绳、自制香囊等端午节民俗活动，促进教师之间的沟通与交流，增强党政工团的凝聚力；通过合唱活动，抒发教师对幼教事业、对国家的热爱，提高教师的思想境界；通过心理拓展游戏，放松了教师们的身心，营造了积极的氛围。

（本案例由北京市北海幼儿园提供）

案例分析

教师队伍的稳定源于人心的稳定，大家拥有共同的价值观、共同的愿景，在做事的过程中，大家的心会凝聚在一起。“育人先育魂，做事先做人”，这个“魂”就是思想上的共识，在园所管理中如何体现做人，则需要园长管理的智慧。北海幼儿园从管理干部入手，“三个引领”引领的是思想，高标准、高质量、高水平的做事，需要以“做人”为前提。当管理干部达成思想上的共识时，会形成一股强有力的正能量，潜移默化地影响每位教师。

幼儿园采取“五个一”的方式，使干部、教师形成充满正能量的“做人”态度，落实“三高”的行为，最终带动园所的质量发展。俗话说做事先做人，没有积极的人生态度很难成就一番事业。管理干部像太阳，充满温暖，一方面给予教师专业上的温暖，使其找到专业成功的快乐；另一方面，给予生活上的温暖，使其形成积极的生活态度。拥有积极的心态，热爱生活、热爱工作、不怕困难，这就是员工稳定的重要因素。

园长是稳定队伍的核心，如何稳定，通过哪些途径落实，需要园长清晰的思路，扎实的推进。园所营造和谐氛围是稳定教师队伍的前提与保障，“三个引领”有高度，有深度，全方位提升教师的思想认识，让教师从思想上、理念上对学前

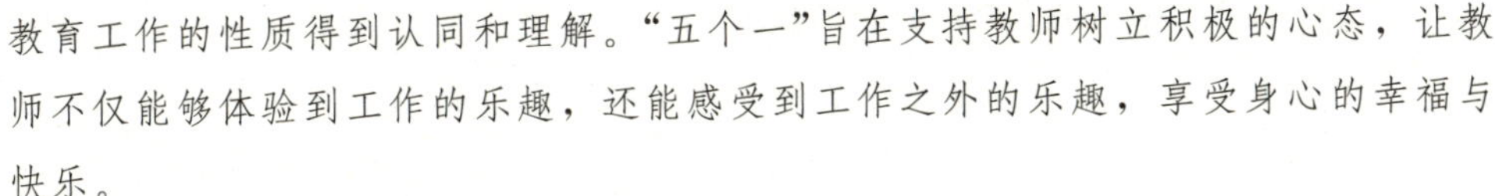

教育工作的性质得到认同和理解。“五个一”旨在支持教师树立积极的心态，让教师不仅能够体验到工作的乐趣，还能感受到工作之外的乐趣，享受身心的幸福与快乐。

三、教师与“主人”

案例三　支持教师做幼儿园发展的主人

教师是幼儿园的主人，幼儿园的管理离不开教师的广泛参与。为充分调动教师参与幼儿园建设的积极性，我们广开谏言渠道，开展“四会”——教代会、恳谈会、听证会和兼职园长助理会，在各项规章制度的制订和完善、重要工作计划的制订、重大决策的实施、校园环境的创设等方面发挥重要作用，成为教师发挥主人翁作用的重要平台，让教师体会到主人翁的意识。

一、规划共制订，“金点子”促发展

在园所制订“十五”规划时，我们共收到 65 条金点子，最终体现在幼儿园“十五”规划中的仅有 2 条，占到了 3%。随着教师主体性的发展，在制订“十二五”规划的过程中，通过这项活动，我们共收到 112 位教师的“金点子”，占全体教师(在编教师 128 人)的 87.5%；共提出 234 条金点子，最终体现在幼儿园“十二五”规划中的有 213 条，占到了 91%。这充分证明幼儿园教师参与幼儿园建设的积极性与创新性，同时，也体现了幼儿园自 2000 年以来实施主体性教育的成效。

二、保障利益，民主参与做主人

在幼儿园绩效工资改革方案的制定过程中，考虑到幼儿园人员结构复杂、人数多等现状，绩效工资改革领导小组前后共草拟了 30 多个方案，并分别召开了 3 次教代会、6 个恳谈会和 2 个兼职园长助理会，听取不同岗位、不同年龄、不同职务教师的意见。在权衡各方面利益的基础上，幼儿园最终在全园会上公布的绩效工资改革方案得到了全体教师的一致通过，充分体现了民主管理的实效性，也折射出教师参与幼儿园管理的必要性。

(本案例由北京市北海幼儿园提供)

案例分析

我们现在倡导“以人为本”的管理，把教师作为幼儿园的主人，重视教师的需要，保障教师的权益。当教职工将自己作为幼儿园的一分子时，就不会轻易背离。

民主管理是“以人为本”理念的具体化体现，让教师真正成为幼儿园建设的主体，也让他们感受到了集体的凝聚力和向心力以及职业的认同感，这是园长稳定教师队伍的关键点。

规划的制订不是园长一个人或几位管理干部的规划，而是需要从上至下、从下至上的几个循环。规划制订一方面保障了全面性，更加科学严谨，反映了不同部门的规划；另一方面，在教职工参与的过程中，全面了解园所的发展方向，感受到自己是园所的主人，形成主人翁意识。

在绩效工资改革过程中，园长带领管理干部充分调研，权衡各部分人员的利益，由点到面，体现全园一盘棋的格局。作为智慧的管理者，要把握自己的角色定位，关注教师群体的同时，关注教师个体需求。当教师感受到自己的利益受到园领导的重视时，他也会认同组织，与幼儿园同呼吸共命运。

作为园长，不应将“让教师成为幼儿园发展的主人”作为口号，贵在行动落实，取得实效。如果让教师对幼儿园有认同感和归属感，就要让教师对幼儿园有“家”的感觉，对这个家有责任感，在这个家能够“做主”。因此，民主管理是一个好的切入点。案例中，园长为教师搭建不同的平台，让教师能够为幼儿园的发展出谋划策，让教师针对热点、难点问题提出自己的想法，点滴中体现出对“人”的尊重，在民主管理中，大家的“心”交融在一起。

四、幼儿园与“家”

案例四 幼儿园是我家

归属感是我们在与周围环境、人际互动过程中产生的一种积极的情感依恋，在这种情感影响下，人们乐于将个人生命融于团体中，形成利于团体的价值观。人对一个团体有了归属感就会表现为对团体的认可、接受和热爱，自然会产生对团体的责任心。人本主义心理学家马斯洛认为，人的需要分为生理的需要、安全的需要、情感和归属的需要、尊重的需要和自我实现的需要。对于刚毕业成为新教师的学生来说，生理和安全的需要容易满足，而对于社交需求，如友谊、爱情和归属感的需要开始变得重要。

在实践工作中，我们还发现，在工作中，新教师还存在着对新团体、新工作、新同事有着适应期的各种心理表现，如恐惧、焦虑、挫败、失衡、孤独等。针对以上的分析与观察，我园以“建立归属感，开展新生活”为主旨，积极开展多方面的工作，让新任教师对园所产生认可，从而形成他们对幼儿园的归属感。

一、领导慰问暖心田

我园有许多新教师离家远，都在单位附近租房住，园领导成立慰问小组走进这些教师的租住房进行慰问，送去对他们的关心，及时了解他们生活上的困难。针对他们的情况，园长积极联系相关单位，为这些新教师寻找安全、环境好、房租便宜的住房。活动不仅帮助新教师解决了后顾之忧，更是以实际行动温暖了这些新教师的心，让他们感受到园所对他们的关怀与重视。

二、工会活动促融合

园长在管理园所时充分利用工会活动，如参观人民大会堂 、国家博物馆、乐享工作体验、园艺种植、茶艺学习、插花培训、新年才艺大比拼、新年自助餐、嘉年华参观农艺展等多彩的工会活动让新教师感受园所文化和教师之间亲如一家人的情感。我园工会根据教师们自身的兴趣与才能成立了六大社团，即摄影社、厨艺社、舞蹈社、插花社、手工创意社、体育运动社，让新教师结合自己的特长与兴趣加入社团中，在社团活动中寻找与自己志同道合的朋友，加快他们对同事的了解与认识。各项活动有效地促进了新教师与其他教师间友谊的建立，满足了新教师来到新团体中社交情感上的需要。

三、提供平台展风采

新教师入职后除了心理上容易产生各种心理问题外，还会面对各种压力。例如，他们对职业角色的认知尚未成熟，由学生变成教师，由纯粹消费者和受教育者转变成社会生活的劳动者和教育者，这样的角色转换方面的压力很容易给他们造成心理上的失落、不适应。角色地位的差异也让他们工作后感受到压力，教师的角色规范比较严格，新教师往往缺乏正确的自我认知和定位，他们容易受到社会其他人士的影响而产生对自我的不满，也会因自身工作经验不足、教学能力不强等因素感受到自我角色地位与其他教师有差异，从而产生对自我的否定和不自信。新教师在适应期往往既是教师，又是学生，既要做班级的领导者，又要受园级领导的管理，还要同时和孩子、家长、同事、领导接触、共事，处理各种复杂的人际关系，这些都要新教师有良好的自我调控能力。另外，职业层面给他们带来的工作压力、家长压力、经济压力、同事压力，无形中都给他们带来了多方面的烦恼。园长在工作中要意识到新教师面临的各种压力，重视调节他们的心理。我园以帮助新教师建立自信为出发点，为他们搭建平台，以展现自我风采的方式引导他们面对各种压力。

我园各项活动丰富，需要各种人才作为活动的参与者与策划者。新教师自身充满青春和活力，对各种事情充满热情，他们也有着自己的特长与优点。园长在组织和策划各项活动时，可以充分考虑这些教师的特点，给他们展示自我的机会。在我园“我是小明星”文艺展演活动中，请新教师中有特长的教师现场为幼儿的节目钢琴伴奏；在“歌唱小明星”活动中请有歌唱天赋的教师与幼儿同台演出；在园级运动会中请新教师承担大会主持人工作；请有舞蹈特长的新教师为幼儿表演编排节目，参加各项大型活动的开场表演；为他们搭建平台，送他们出去参加“中韩美术论坛”进行舞蹈表演，去西城区年青教师表彰会进行舞蹈表演。由于成长于现代化科技发达的年代，这些新教师自身的电脑应用水平都较高，园中请他们分别承担各班级活动的 APP 推送工作，有的新教师为简单的 APP 推送配上精美的插图，有的以活泼的播放形式让阅读者耳目一新，有的在 APP 推送中配上自己动听的声音，让阅读者有多重阅读享受。结合他们自身的特长，发挥他们的特长，合理安排工作，为他们创设实现自我的平台，有效地帮助了新教师建立起自信，从而敢于面对各种压力。

（本案例由北京市西城区三教寺幼儿园提供）

案例分析

幼儿园是我家，家里温暖、幸福，人与人之间相互关爱。同时，幼儿园又不仅仅是家，也是一个团队，共荣辱、共患难、共前进。从案例中我们能够感受到园所管理者以“建立归属感，开展新生活”为切入点，让新教师更快地融入幼儿园这个温暖的大家庭。建立归属感，应从心理入手，让人文关怀不仅仅停留于表面，而是真正走进教师的心里。

住房问题反映的只是新教师入职期间的问题之一。我们在关注教师专业发展问题的同时，他们的生活、心理同样需要管理者的关注，这是队伍稳定的重要因素。住房问题的解决，让新教师在心理上得到了温暖。在园所工会丰富的活动中，教师感受到工作、生活的多姿多彩。帮助新教师顺利完成从学生到教师角色的转化，适应“幼师”的角色定位，融入团队，融入幼儿园大家庭。

面对新教师心理不适应、自信心不足的问题，一方面，园所为大家从多方面使心理压力获得释放；另一方面，通过展示舞台的搭建，帮助新教师树立起职业的自信。

我们常说，亲其师，信其道。园长对于教师同样如此，人对领导者的追随源于对专业的认可，更源于管理者人文的关怀。凡事以标准、要求在先，高标准、严要求的背后，不考虑新教师的特点和需求、不考虑其心理特点，则会打击新教师工作的积极性。得不到领导的鼓励和肯定，心理压力无法释怀，自然造成教师的流失。

园长要想留住教师，就要真正走进教师的心里。每位教师都有自己的特点，发展速度、发展水平有很大差异，但每位教师都有一颗渴望认可的心，当他们得到领导的肯定和表扬时，就会树立起自信并愿意不断完善自我，融入幼儿园大家庭。在新教师入职之初，第一次踏入社会的他们，懵懂、困惑。为了让新教师更快地融入团体，成为家庭一员，管理者要像家长一样，给予他们温暖。最终，教师就会形成归属感，达成共同的价值追求，这样的团队就会充满正能量。

参考文献

[1]中华人民共和国教育部．幼儿园教育指导纲要(试行)[M]．北京：北京师范大学出版社，2001.

[2]中华人民共和国教育部．3－6岁儿童学习与发展指南[M]．北京：首都师范大学出版社，2012.

[3]中华人民共和国教育部．幼儿园工作规程[M]．北京：首都师范大学出版社，2016.

[4]李季湄，冯晓霞．《3－6岁儿童学习与发展指南》解读[M]．北京：人民教育出版社，2013.

[5]贝蒂．学前教师技能[M]．南京：江苏教育出版社，2011：6～7.

[6]曾琳．美国职前教师培养：入学选拔的视角[J]．外国中小学教育，2013(10)：44～49.

[7]刘占兰．提高幼儿园教育质量的有效策略[M]．北京：北京师范大学出版社，2013.

[8]曾柏森，孟艳．新西兰职前教师选拔标准及其启示：基于ITE计划的分析视角[J]．外国教育研究，2012(5)：19～28.

[9]周金玉．非专业职初教师"协作对话式"培训的实践与思考[J]．学前教育，2010(10)：5～7.

[10]马行提．园长为什么这么累[J]．学前教育，2010(4)：52～53.

[11]吴峰林．促进幼儿园教师队伍稳定的基本策略[J]．学前教育研究，2015(10)：67～69.

[12]姜文义．试论教师队伍稳定与教师合理流动[J]．普教研究，1997(2)：57.

[13]陈晓萍．幸福的决定因素[M]．北京：清华大学出版社，2009.

[14]李向玲．延安市农村幼儿园教师队伍建设问题研究[D]．延安：延安大学，2012.

[15]张光．对高校教师队伍建设中稳定问题的思考[J]．中国西部科技(学术版)，2007(6)：112～113.

[16]杨永昌．名校长的高绩效领导力[M]．北京：九州出版社，2006.

[17]于国妮．面向教师专业发展的校本培训研究[D]．上海：上海师范大学，2004.

[18]赵希斌．国外发展性教师评价的发展趋势[J]．比较教育研究，2003(1)：72～75.

[19]朱家雄，张亚军．给幼儿园园长的建议[M]．上海：华东师范大学出版社，2010.

[20]阎水金．幼儿园决策与规划[M]．上海：华东师范大学出版社，2008.

[21]王迅，周文和．教育十大转型[M]．长沙：湖南教育出版社，2015.

[22]王健．论教师职业生涯规划：从新手型教师发展到专家型教师[J]．贵州教育学院学报，2009(1)：38～40.

[23]马行提．唤醒我们身边的“隐形员工”[J]．学前教育(幼教版)，2011(10)：46～49.

[24]王少群．产后返岗幼儿教师的工作适应与管理策略[J]．学前教育(幼教版)，2010(6)：47～48.

[25]博赞．思维导图[M]．北京：化学工业出版社，2015.

[26]中国教育学刊．未来教育的领航者[M]．长春：吉林出版集团有限责任公司，2014.

[27]许继红．新建园教师团队打造策略[J]．学前教育(幼教版)，2011(4)：46～47.

[28]周金玉．幼儿园经验教师专业发展需求的调查研究[J]．学前教育(幼教版)，2015(5)：19～21.

[29]崔霞．男幼师：坚守即幸福[J]．幼儿100，2015(27)：8～13.

[30]周金玉．“问题—课程化”在非专业新教师培训中的运用[J]．学前教育(幼教版)，2011(10)：6～8.